TIME & SPACE

for Richard,

borrder

[signature]

TIME & SPACE

A Poetic Autobiography

Juan Ramón Jiménez

EDITED AND TRANSLATED BY

Antonio T. de Nicolás

PREFACE BY

Louis Simpson

PARAGON HOUSE PUBLISHERS
New York

First English translation, 1988

Published in the United States by

Paragon House Publishers
90 Fifth Avenue
New York, New York 10011

Library of Congress Cataloging-in-Publication Data

Jiménez, Juan Ramón, 1881–1958.
  Time and space.
    I. Jiménez, Juan Ramón, 1881–1958. Tiempo. English & Spanish. 1987. II. Title.
PQ6619.I4E713 1987 861'.62 87-8863
ISBN 0-913729-71-X

CONTENTS

TIME

SPACE

CONTENTS

TRANSLATOR'S DEDICATION

The women of five Continents,
one act, one hundred,
it was all the same:
the scramble for the gate,
and the forced exit
into the dark.
Another woman, another act,
another turn of the revolving
door, loneliness at dawn.
Eyes, lips, thighs multiply
and the night goes on,
the body bent in surrender,
another act,
the cry of contentment,
the return of another night,
the exit into the light
burying memories to begin
once more. Was it a beginning?
Was it an end?
It was all the same.
Until she came:
only one act held to the light,
no nights, no dawns, no clocks
counting the times but a return
to the starting gate of the gods
to the beginning with no ends,
darkness leading to light,
the inside of the gate.

No, it is not the same.

Antonio T. de Nicolás

TRANSLATOR'S ACKNOWLEDGMENTS

The following people have contributed most to the publication of this and the other four volumes of the poetry of Juan Ramón Jiménez in English. Francisco Pinzón-Jiménez, nephew of the poet, who made the originals available and with his guidance and timely suggestions provided a more consistent and comprehensive selection of the works of Juan Ramón Jiménez.

Louis Simpson encouraged with his dedicated and generous company and served as the final arbiter of these translations with his criticisms and improvements. I consider myself to have been very lucky sharing at the same time the company of these two superior poets, Juan Ramón Jiménez and Louis Simpson.

Paragon House Publishers have proved, with their commitment to publish Juan Ramón, their continued dedication to quality in publishing. I know of no other publishers who would have taken the initial risk of expending resources on poetry.

PREFACE

"Time" begins with memories of people and things of no importance: Mrs. Kocherthaler, a "woman of culture" who said something foolish on an evening long ago in Madrid; a poor girl the poet knew when he was fifteen, who said that gentlemen only wanted to make fun of poor people; a plaster Venus that belonged to Ortega y Gasset, and Azorín's porcelain swan with a detachable head. What is their significance? What can such things have to do with poetry?

The answer is in these lines by another great poet, Yeats:

> Now that my ladder's gone I must lie down
> where all the ladders start, In the foul rag-and-bone
> shop of the heart.

Jiménez is returning to the past and his heart's affections in order to begin again. And what a waste so much of his life has been! Plaster Venuses and porcelain swans! The painting of a bull he once hung on a wall . . . Looked at seriously it was a stupid piece of work made of "lies, indolence and foolishness."

But these foolish outward things corresponded to an inner life that was real and to the sources of creativity. He once wrote a line of poetry that, a critic said, was poetry of the highest order: "Night is leaving, black bull . . ." The line had its counterpart in the bad painting. It is not possible to divide one's true, poetic mind from the trivial things it has been attached to. Though the depths of creation are hidden and cannot be explained, one can see the connections, the broken ropes it trails, memories. These can have an appalling banality . . . a Mrs. Kocherthaler. But without them one would not have lived.

"Novels," said Emerson, "will give way, by and by, to diaries or autobiographies—captivating books, if only a man knew how to choose among his experiences that which is really his experience, and how to record truth truly." "Time" is such a work, captivating because Juan Ramón is remembering what was truly his. We all know the autobiographies in which the author reveals that he or she was a great sinner. An air of falsehood hangs about such confessions: they make the author out to be a superior person; they are really novels. But "Time" shows the real life of a poet who has lived in the world as a man. He is concerned about poetry and other poets—why pretend otherwise? The writings of León Felipe make him think of the epileptic seizures of a child in his native village, who in church would interrupt the saying of the Creed by falling down in a fit and reciting in a loud voice what he had read in a book. So much for the "free verse" of León Felipe. If one does not think that poets think about such things, about the difference between poetry and mindless bombast, . . . one must be León Felipe.

The second fragment of "Time" brings us to Florida on a moonlit night. The moon and music . . . these two influences remain for the lonely man, exiled from his native Spain. By day there is the hot landscape, "The ocher butterfly dead as a flower against the window. A crab running with its mouth open . . . A confusion of brain and sun."

"No one," says the poet in exile, "cares about me, but I care about everything." I am reminded of a saying by Hugh of St. Victor: "The best is to consider that we have a home nowhere, and only then does one really love the world." Exiled from his native country and deprived of all he once held dear—all but a woman—Juan Ramón responds to his surroundings with greater intensity. This is different from the usual lamentations. He is responding to pain and loss by creating a new world.

His personal concerns are all that connect him to his past and to the life of Spain. He notes that James Joyce is dead in Zurich and that *The New Oxford Book of Spanish Verse* has arrived in the mail. It contains a poor sonnet by Pérez Triana. Why did the editor include it? This is the kind of sincerity Emerson meant. Over in Europe there is a war . . . great events are taking place . . . but poetry and truth are not the children, as Mrs.

Kocherthaler said hers were, of philosophy. They are the children of the "lived life" and questionable editing.

In the third fragment Juan Ramón relates how it felt, being compelled to leave his native land, squeezed out by the oppressor as through a tube. What a relief it was to walk out, as a free man, in the streets of New York . . . Yet how free can one really be, in this forced absence due to injustice? Nevertheless, he and she—his wife Zenobia—have found a new happiness with each other; in exile they are closer than ever. If he did not miss Spain he would be happy "in so far as the interior man can be happy." They have made a just life for themselves: if they hire someone to do housework it is only for the pleasant work—the unpleasant part they do themselves. The evenings are filled with music, the light of music, as the days are filled with sun.

With Fragment 4 we are in the full stream of the interior monologue. "I have always seen my writing," Juan Ramón has said, "as something provisional . . . and also transient." This does not mean that this is how we shall see it. Still, in the interior monologue what does appear to be only of immediate or local interest stands side by side with the permanent. A page on the "mechanical" brains of Charles Lindbergh, who said it was all the same whether the Nazis or the others won, precedes a meditation on memory . . . how it invades one in slow and steady rhythm, yet one remains oneself, a "spiritual rock of light." He remembers having shouted at someone in a quarrel over money, and this is followed by a page on animals, how continent they are, compared with the incontinence of some men and women. This is the "stream of consciousness" made famous by Joyce and other writers, with a difference that Jiménez described at the beginning of his poem: though the interior monologue must flow, it must also be lucid and coherent.

A passage on the landscape of Florida, returning like a motif, is followed by a passage on beauty in literature and the writings of Ezra Pound and T. S. Eliot, Jorge Guillén and Pedro Salinas. "How many unnecessary classical quotations . . . these poets as they build their verse superimpose on them the findings of others." To the reader who thinks of poetry as a distraction—and this is common in English-speaking countries—Juan Ramón's concern with literature may seem removed from "real life," but in much of the world literature is considered to be an expression of humanity's most urgent concerns. When Juan Ramón was writing these poems a civil war had recently come to an end in Spain and a world war had begun. During these years men were killed for the ideas they held and the books they wrote. Juan Ramón is not exaggerating when he says, of some who attacked him in print, that they appeared to be calling for his death.

Throughout *Time and Space* the poet turns from life to poetry as though they were one thing, and in fact, where poetry has the power to move us, they are. The fragments of "Time" that follow speak of his beliefs as an artist and comment on the lives and works of other artists. He compares modern authors favorably with the classics. Traditional Spanish literature is weighed down with abstractions; only Andalusia, "with its simplicity, its fine sensuality, its ideal rhythm and tolerance," holds out a hope for Spanish literature. The poetry of Andalusia—and here he is speaking of his own—is " 'manly' . . . delicate, exquisitely natural, spontaneously perfect." In a word, what is usually thought of as "feminine"—which is what a man writes. "Poetry is love. I am in love with her and I must, therefore, see her as feminine."

But, as he said in the "General Prologue," poetry is not arguing, and his poem is sustained by "surprise, rhythm, discovery, light, continuous joy." The sixth fragment of "Time" is a stream of brilliant imagery. The poet is creating a god out of his own substance: "I believe a god must exist in the form I am able to conceive him." He will put the idea another way: "The gods have no other substance than the one I have." Readers of *God Desired and Desiring* and *Invisible Reality* will be familiar with the idea, it is the essence of Juan Ramón's thinking. But it requires an addition or corollary: the man who creates this god out of his own substance is man with woman: "When we kiss our own woman on the lips we kiss the lips of god, the whole visible and invisible universe; and love is the only way to eternity."

The concluding fragment of "Time" returns us to the "rag-and-bone shop of the heart." He is not carpentering his long poem; it is coming naturally out of his life. So the peak of the sixth fragment is followed, as in music, by a descent, falling back to the common level: "The postman's whistle, the familiar horn of his car, Spanish books from Mexico." He speaks again of his life as a writer, and how reputations, especially of the dead who cannot defend themselves, are used by unscrupulous people in time of war for "bellicose" ends. His own situation, and what the future will make of him, are much in Juan Ramón's thoughts as he brings "Time" to an end under "this enormous shadow . . . cast by the evil head of the world."

Time is one dimension of human consciousness; space is the other. To know a third dimension one would have to be a god or think like one. One would have to be the poet in the act of creation: "Yes, my Destiny is immortal and so am I, writing it down here . . ."

"Space" is easier to grasp than time . . . it has flowers and stones. The reader need only share Juan Ramón's consciousness, perceive with his eyes and other senses, in the landscape and seascape of Florida. "Space" is a rhapsody, a fugue—it approaches the "condition of music" that Mallarmé said poetry should aim at. This is ecstatic poetry. The images that pass before our eyes need no explanation.

> With what energy the dog always barks at the fleeing sun! . . . Song, the bird again! You have come back, beautiful he/she, with another name, your blue gray chest heavy with diamonds . . . Paths are only the ins and outs of light, of shadows, of light and shadow; and everything lives in them so that I become immense, and you too. What a gift of a world, what a magical universe . . .

"Space" is the creation of a new world, at once physical and imaginary, as in the "Bateau Ivre" of Rimbaud.

The poem culminates in pages about a crab, Cancer, that the poet, in a movement of mindless cruelty, crushed under his shoe. The crab was little more than a speck . . . yet it had an existence. The consequences of this mindless, all too human act are enormous. This act of killing a living creature has made a black hole in space. The negative act is at the same time an affirmation of the importance of our human existence and the things we do. "I suffered thinking the Cancer was I, and that I had smashed and stepped on myself. How immensely empty I felt, what a monster of erect emptiness . . ."

This small act of mindless cruelty fills the perpetrator with the consciousness of having offended god. It is the peculiar honor of the human being to be the only creature capable of offending god. To feel the enormity of the offense is to know god, become conscious of the living god.

These are my thoughts on coming to the end of "Space." The reader will have other and perhaps quite different thoughts. This is what great poetry can do: send us spinning, each on the orbit of his or her own life, that which Juan Ramón Jiménez would have called a destiny. Poetry such as this sets us free to pursue our own thoughts in the reaches of time and space.

LOUIS SIMPSON

TRANSLATOR'S INTRODUCTION

JUAN RAMÓN JIMÉNEZ IS one of the most distinguished Spanish poets but also the least known in the English-speaking world, and even in Spain. Distortions of his character, political leanings, and dealings with other poets have been mostly the result of long silences in the work of the poet and of his physical absence from Spain. The silences have been, for the most part, the fault of the poet himself. His insistence on revising all his writings, and his constant reediting, have postponed publication of many of his works. Some of these were major works, like the two included in this volume, *Time and Space*. Though the author had intended these two poems to appear together in one single volume, it was only last year, in 1986, when they were published in this manner in Spanish—"Time" appearing for the first time, even in Spanish. These newly discovered poems fill many of the silences of Juan Ramón's life, revealing that suppositions about him have been inaccurate or maliciously wrong. In these poems we find new information about his politics, his views of fellow poets, and his reasons for living in America. But most of all, we find that these poems are perhaps his greatest and that they mark the highest qualitative jump in his production. Octavio Paz calls "Space" "the greatest poem of this century in the Spanish language." Both poems were written in the United States while Juan Ramón lived in exile.

On 22 August 1936 he and his wife Zenobia left Spain for the United States with little baggage for what they thought was going to be a short journey. They kept their house at Padilla 38, Madrid, ready for an early return. They never made it back to Spain alive; their remains made it back twenty-two years later.

Juan Ramón arrived in the United States with a passport given to him by the President of the Spanish Republic, Manuel Azaña, and an appointment as Honorary Cultural Attaché to the Spanish Embassy in Washington.

In the early days of the Spanish civil war Juan Ramón was busy helping in hospitals with his wife and in cultural affairs. He signed the intelectuals' manifesto in favor of the Republic, on 30 July 1936, with Antonio Machado, Gregorio Marañón and Ortega y Gasset. He dedicated his time to promoting the Republican Government with conferences and lectures at various universities. In his lecture "Aristocracy and Democracy," at the University of Miami in 1940, he told his audience of the dangers he lived under in Madrid "because of his elegant looks."

Juan Ramón did not write much poetry in those days. He was again overwhelmed with the recurring neurosis he had been suffering since 1900: his fear of sudden death. In 1940 he entered the Hospital of the University of Miami. And it was precisely on leaving this hospital that he was swept by a new wave of inspiration and the poems "Time" and "Space" were born.

In a letter to Enrique Díez-Canedo, August 6, 1943 he writes: "I started to write poetry again in Florida. Earlier, while in Puerto Rico and Cuba, I only wrote essays and papers. So in 1941 as I came out of the Hospital of the University of Miami, almost new, almost resurrected, a rhapsodic inebriation, an uncontainable fugue started to dictate to me a poem on space in one unending wave of inspiration. And next to this poem and parallel to it, as always happens to me, I found within me an unending paragraph dictated by the flat extension of Florida, and this was a statement on time, a memorial fusion of ideology and anecdotes, with no chronological order; it was like an endless thread of my life pulled backwards. The first of these two books is entitled, *Space,* and the second, *Time,* and are subtitled *Stanza* and *Paragraph.* " (In *Cartas literarias, de J.R.J.*, Barcelona, Bruguera, 1977.)

As it turned out, however, "Space" became a third poem in *En el otro costado* and was included in *Tercera antología poética* (1957). It was not published with "Time" until last year; when the two poems appeared together as the author had originally intended. In this edition, in order to keep the study of Juan Ramón as open as possible, we are adding in an Appendix the free verse rendering of "Space."

The difficulties in translating these two poems are obvious, particularly in this edition, which carries the accompanying Spanish. As the reader will see, "Time" remains an incomplete text, missing the quotations the author was supposed to furnish but never did, and some words here and there. (Empty spaces in the text signify missing material. Occasionally sentences or paragraphs come to abrupt ends.) On the whole, however, this makes little difference for no matter how incomplete the text appears the author does not appear so. The present translation is based on the Spanish edition of *Tiempo y Espacio,* edited by Arturo del Villar, EDAF, Madrid, 1986.

Time and Space was supposed to appear in print with the same continuity of emotion the poet experienced while creating it. "All my life," he wrote in his introduction "I have toyed with the idea of writing a continuous poem . . . with no concrete theme, sustained only by its own surprise, its rhythm, its discoveries, its light, its successive joys, that is, its intrinsic elements, its essence." He called it "beauty without explanation and joyful." Through the autobiographical data of the poems Juan Ramón faced time and space squarely. Time is not the internal division of subjective life (in contradiction to Kant). Time is the string of personal events through which space may open as the continuity of life. Space is the space within time, the eternal flow, the transition from temporality to eternity. If time is a discontinuous process it is because we do not cross it. The "human black holes" of time are not just black, they rest on green meadows of light where the pace is slow, the sounds are as tenuous as the flight of wings, knowledge is exact, and the feeling so intense that the human body may explode into new worlds, like a sun! Juan Ramón Jiménez remains a poet in the philosophical fields of Plato, the Upper part of the divided line, the primacy of imagining, the myth of Er, beauty, the god of the beautiful.

Time and Space, the fifth volume in our translations of the work of Juan Ramón Jiménez, was the last book he wrote. In these five volumes we have gathered the poetic work of over fifty years of a man's creative life. Most of it has never before appeared in English, and some of it has only recently appeared in Spanish. If we set the blinding passions of politics aside, most will agree that poetry has had no greater representative in this century than Juan Ramón Jiménez. His complete creation is now with us.

Contrary to what I feel when I finish some of my other writing on philosophy, a bereavement of the creative act, the conclusion of these translations has had the opposite effect on me. I feel as if the creative act were for the first time, alive, as if a complete human being, a modern god, had been set loose and were now traveling the green fields of the English language. I feel this to be a new beginning, not an end. I also feel that this poet should be studied and made a part of our daily lives; his work should be translated into the body and soul of our own poetry. The poetry of Juan Ramón shows that poetry is the most intensely human act we may perform today. In his words:

> Time is like a bridge
> joining today and tomorrow.
> Underneath flows the water,
> like a dream.
> Poetry is the flow under the bridge.

ANTONIO T. DE NICOLÁS
Setauket

GENERAL PROLOGUE

I HAVE ALWAYS BELIEVED that a poem is neither long nor short, that the complete work of a poet, like his life, is a poem. It is all a matter of an opening or a closing.

I have never ventured on the long poem with a story, the epic poem, for all that this requires is an intrigue and a way of handling it technically; I cannot stand long poems, especially the modern ones, even when they are considered universally as being in their best fragments, the most beautiful things in literature.

I believe a poet does not have to be a carpenter in order to "build" a longer poem, but that he should save the best verses and burn the rest or leave them as marginal literature. All my life I have entertained the idea of a continuous poem (how many milimeters, meters, kilometers?) with no particular story, sustained only by surprise, rhythm, discovery, light, continuous joy, that is, by its intrinsic elements, its essence. A written poem that would be to the rest of the poetry what, for example, the music of Mozart or Prokofiev is to the rest of music; a continuity of beauty more or less unexplainable and pleasing. It would be a continuous expression in writing that would wake us to the contemplation of the eternal and ineffable gaze of creation; life, dreams, love.

If I were to say that I have "attempted" such a poem in the "stanza" I am presenting here in one fragment, I would be lying. I have not "attempted" nor do I wish to attempt such a thing in any programmatic way. Whatever this writing is, it has come to my poetic consciousness freely and, in its due time, to my actual expression as an answer made up from the very essence of my question or, rather, the desire I have felt a good part of my life for such a singular creation.

No doubt I had to wait until my final years for such an answer to come to me, this echo from a human landscape.

JUAN RAMÓN JIMÉNEZ

SHORT PROLOGUE

Florida—space all around, good for flying—gave me, some time back, the high poem "Stanza," and it gives me now—flat land, good for walking—this long memorial in prose.

These two depths: the vertical holds the zenith and the nadir; the other, this one, the horizontal, stretches to the four un-boundaries.

JUAN RAMÓN JIMÉNEZ

TIME

(One Paragraph)

. . . . The dead and the living, those awake and those sleeping, the young and the old are one and the same in us; the one, moved from its place is the other, and the other returned to its place is the one.

Heraclitus

FRAGMENT 1

MY NIGHT DREAMS—trivial, deep or just nightmares—have become like my ideal abstract and inner cinematography: planes, colors, lights, positions in space and time that, on waking do not seem to me to be events, facts, businesses, but they were fully so in sleep, as much or even more than the events of the previous day. They are events without sequel, each a complete category, they live and die like a universe. Later on, the translation of such states of free, superior or inferior life, where only the intellect and memory are active and not the sleeping will, become the most ordinary and common experience of everyday life. At times, not many, a few syllables remain on my tongue or a few facts in my memory that drive me momentarily to reconstruct the nocturnal hieroglyphic, as was the case with my poem "Morita Hurí,"[1] for example. But this also passes. From a very early age I subscribed to what was later called the "interior monologue" (a name as perfect as that of "magic realism") though the name was not yet known; there are abundant examples of this in my whole work. (My *Diario de un poeta recién casado* is full of these states). My main disagreement with the "interior monologuists," their outstanding representatives being Dujardin, James Joyce, Perse, Eliot, Pound, et al. is that while I believe that the interior monologue must flow, it must also be lucid and coherent. The only thing that should be missing is argumentation. This is how a poem about poems without the links of logic would be. My monologue is a permanent happening set aside for lack of time and place during the whole day, it is a vigilant and separating consciousness at the margins of the deciding will. It is a true fugue, a constant rhapsody, like those upwards flights of colorful fireworks, or swarms of lights, or blood globules with music under the eyelids of a half asleep child. My monologue was always built out of shelled universes, a nebula already separated, with a sensitive, chaotic ideology, universes, universes, universes. I know of no other universe like that poem about universes: We both embraced in a complete and forgotten naked presence, an isolated world with the originating power of the totality of creation; your green eyes,[2] my only sight, have given me complete eternity transformed into love. How could I love anything else? [I can take] concerts, books, walks, civilization, universality, as long as they are not conventional but [share in] an absolute superiority. We are going to see the colors of flowers, freshness at the edge of waters not yet found, a twin tree alone in its place, truly alive among the elements and the seasons. We are going to live a unique day of grace in death, thus we are going to complete each other with this plastic and ideal music of love without defenses. Music. Toscanini is in my opinion a man greater than the greatest I have heard and seen. He is now entering the stage where his orchestra is waiting for him, slow, elegant; he hesitates as he climbs to the music stand, but when he grasps the baton, the short rod of virtue, in his electric, raised hands, and waits full of himself and suddenly signals to the first instrument, as with a bird's feather turned into an arrow of paradise, then he is no longer a man but a god without his seventy-four years of age, but with millions upon millions of years, years without time or space, a true life at last, following the prologue of the other. One, two, three complete hours of inebriation flow by without losing either head or hands for one instant. Nightingale with his hands. How stupidly Mrs. K[ocherthaler] spoke, how she lost her head on that June night in one of the great salons of Madrid. It was two in the morning and a nightingale was singing like a god with a small body and with total sound, in the garden of the German Embassy. R[icardo] B[aeza] and M[aría] M[artos], already married then, were disagreeably arguing about that internal and eternal music: was it a blackbird or a nightingale? Thus the nightingale could not be heard. By the way, I was very insistent on the publishing house "Calleja's" accepting the translation those two had sent us of the *House of the Pomegranates* by Wilde, with the *Rose and the Nightingale* included. No, I did not behave as well as those two deserved on that occasion, I did not insist enough. But what a pedantic, artificial, external woman was Mrs. K[ocherthaler], and what a good man, with his Brahms, his fields and his shining calm was Mr. K[ocherthaler]. She looked as if she did not belong to any race, or to a race with very little humanity. She was cold, cold, slippery with the look of a fish. She even had the audacity to say with pride that her twins were not from K[ocherthaler] but O[rtega]. Philosophical twins is what she preferred, the poor things. Was her stupidity the fault of Mr. K[ocherthaler] or of the children? When I went for the first time to her house, in Almagro Street, she spoke to me, from the edge of a table as large as a swimming pool, about *Platero*, which had just been published, 1914. I then felt the terrible vanity of the young man who thinks he has arrived at the top. How much, I have seen later, I was lacking at the time! Lorca's *Romancero Gitano* was not his best work when he thought it so. The romance by Lorca borrows from popular life what it contains of plasticity and color, while Antonio Machado's "La tierra de Alvar González"[3] represents the epic and common, and my poetry the lyric, musical and secret. This is quite clear. It is also clear that we, the "señoritos," Antonio Machado, Federico García Lorca and I will never be able to sing like the people. We might be able to carry an echo of sympathy and understanding, but never the substance, the essence, the life and death of the people. When I was fifteen years old I used to fall in love with the girls of my village, Moguer; María, the mine girl from San Juan del Puerto, used to cry as she told me, wearing her habit of Saint Antonio: "The "señoritos," all they want is to make fun of poor people and poor girls." How beautiful she was with her sandy color and her clean habit! How she liked to watch me paint! Figal—my first teacher of painting at the School of the Jesuits in Puerto de

Santa María, or rather, the manager of the printing press of Silverio Aguirre—a good worker, had painted a bull in the style of the caves of Altamira, long and low like a "roof dog," within a horizontal frame that became, placed upright, a bundle of my own manuscripts. I like vertical paintings and parcels, and I always kept it hanging next to me. But suddenly what a stupid mess! Was it possible that I had never before realized that it was a stupid pastel painting made of lies, indolence and foolishness? And the same with so many things we live with year after year, and will live with for centuries, unable to come to the decision that they are not worth our criticism or our taste. And the same with people. How many times we tolerate for years people we do not wish to tolerate? We do not dare to bring them down from the wall, even more, we do not even conceive of such a thing. We are unjust in this and in what I said earlier about others. I have kept at home things I would have criticized in other people's homes. I have been satirical of J[osé] O[rtega] y G[asset] because he kept in his house a Venus de Milo made of plaster; of A[zorín] because he kept on the floor of his office a porcelain swan whose head could be removed and with a pink ribbon on its neck, and because he kept in a corner, standing, the bust of a black man of many shades, smoking a pipe; of R(icardo) L(eón) because he kept a panoply with sables and lions, etc.[4] But returning to that bull. I had already evoked the Andalusian bull in *Platero* and in *Poesía en verso*[5] and in other books. Later on I saw many loose and tethered bulls in the books of the youngest and the young, among them R[afael] A[lberti] and J[orge] G[uillén]. A(ngel V[albueba]P[rat], a critic and historian of Spanish literature, wrote that my poems "Alrededor de la Copa" and "Desvelo" ("Night is leaving, black bull") attain "the highest reach [of poetry] even when looking at the world of J[orge] G[uillén]." ("Still a bull and already night?") This is what J[orge] G[uillén] said in his poem "Las Llamas," around the year 28.[6]

This is what I said and this is mine (the poem had been published in the magazine *España* on or about January 19). And to be more exact the conscientious narrator adds a footnote about or against me, citing the dates of my books *Poesía y Belleza* and the date of *Cántico* by J(orge) G(uillén), citing the second edition. I take this opportunity to advise the historian to look at the first edition, already published in 1928. The critics are terrible when it comes to history. I remember now the articles by P(edro) S(alinas) which he anonymously published in *Revista de literatura* of the Centro de Estudios Históricos de Madrid. He would alter texts or would resolve dates when it became convenient to him by adding "more or less," the responsibility belonging to the Centro de Estudios. These are the same philologists who lose their sight in order to find the date when Cervantes' girl friend died in the seventeenth century; would it not be much better if they did justice to their contemporaries? The conscience of some critics is as confused as their memory. And, by the way, what a memory my great Toscanini had. "The head must not be in the music score, but the music score in the head." On the other hand, the young bull Barbirolli, belonging to the generation of the critics mentioned above, shook his hair against the music score like feather dusters, cleaning the notes as they fell on the audience like a rain of bullets. It is inconceivable that, being in America, Bruno Walter will not finally conduct the Philharmonic Symphony of New York. Toscanini, Koussevitski, Stok, Mitropoulos, Ormandy, Sto(kows)ki . . . Bruno Walter has the sober and noble precision with the necessary surrender; he is not a volcano like Toscanini, with snow on the top, but a complete mixture of snow and fire; he burns like ice and causes shivers like fire. Stokowski is all external flame, Koussevitski a master of diction, dignity and beauty; Mitropoulos is a proud saint; he makes the instruments sound with exceptional timber, but his professional education leads him to build those colossal programs (Brahms, Mahler, Bruckner, Richard Strauss in the same concert), mountains of shining technique, at times, magical, which he orders and raises in wonderful, overwhelming and crushing perspectives. Mountains, on the other hand, are very important to the artist. Mitropoulos domesticates his exemplary life with this mountainous music that he could not place within an abandoned monastery. Guadarrama mountains, my salvation from a Madrid of such pettiness! When I had a disappointment I considered large enough we would leave for the Sierra. Whatever was small disappeared, and I was left with only the peace of what is large, I would return home made larger by the moun-

tains. City people spoil everything, how different are the people
of nature. I can hardly bear looking the city man in the face; his
works speak for themselves. On the other hand, I like the
farmer, and I miss no occasion to chat with him. I would like
always to have an environment of both animal and human life,
children, women, men, animals. I have love and a woman, I
often visit with nature, I follow art in general, I read everything,
I dedicate all day and all night to my work. What is missing, to
work more? More than what? "Without rest or pause, like the
stars,"[7] says Goethe, but Michelangelo used to feel tired. What
am I missing? "What you are waiting for day and night and that
never comes, what you are always missing while alive—this is
death." Are we in need of more death in life? Was it death,
companion of the poem of Augusto Ferrán, that became the
inseparable voice of my first youth and dwells within me as my
absolute poetic necessity? It is not true that it is religion we are
lacking, it is not the religion of my childhood that is lacking in
me, as some have told me, for I feel the immanent and eternal
god in everything. When I surrender myself completely to my
full work it seems as if less were missing in my life. Last night
we were reading a poem by D. H. Lawrence that I liked very
much, more as a vital and aesthetic representation: than as a
poem. (Quote from Lawrence). How beautiful this is! Is it not
like my "pleasing work?" By the way when my paper was read
in Madrid the communists called me a fascist, and that un-
worthy weekly *Claridad* of the great imposter L[uis] A[raquis-
táin], that obscure paper, insulted me, alternating with Pepito
B[ergamín], in the most vulgar terms ("driveling slug, worm,"
etc.), using the whole range of tavern phraseology and Ber-
gamín's vulgarity. I was ill then, June 1936, with conjunctivitis
and an intoxication of drugs, doctors!, which did not allow me
to read my own paper. It was read by a friend of Navarro
Tomás,[8] and what an amount of stupidities were said and writ-
ten then about something so natural and normal. When the war
broke out a few weeks later, that continuous attack on me
started to look like an incitement to kill me. I remember now
those young writers who used to come to our house wearing a
corset, silk stockings with embroideries, bracelets, makeup and
a hammer and sickle of gold on their ties. "Later" some of them

converted the hammer and sickle into arrows, and their hyper-
trophied fist into a hypertrophied open hand with so much
parading. That hypertrophied hand of Ramón Gómez de la
Serna in the film of the political orator. How P(edro) S(alinas),
the balancing artist, used to laugh at that gigantic hand! Today
I have received via Portugal, the booklet *Los ángeles de Compostela*[9]
by G[erardo] D[iego], with an affectionate dedication. It is very
significant that a writer who always belonged to the "right"
would send [this book] to me, who always belonged to the "left"
(such words—which is the right and which the left, what is right
and what is left; and what a mess of alliances of the right the
writers of Spain have organized.) Now they are trying to resur-
rect the dead, whom they killed one way or another. For those
people Unamuno is theirs, Antonio Machado is theirs, and even
Lorca is theirs. Obviously, for they are no longer able to talk.
Any day now even the "communists" from Mexico will become
one of them, will belong to the Falange, not because they are
dead but because they are smart [*vivos*] too smart. As for L[eón]
F[elipe], that wailing Hebrew, we shall find him in the "pro-
mised Land." What a case, and what a poor soul this León
Felipe. Gerardo Diego brought him once to my house (I believe
in 1917) and I had almost forgotten him.[10] He was then clumsy,
coarse, very meek, his hair styled with a certain sacristy air, and
his speech was disagreeable, stammering, filled with confusions,
drawn from poetic and scientific generalities. Vicente Huido-
bro, towards whom I have always behaved so badly and have
been unable to find the reason why I did so, had sent me, that
day, his book *Horizon carré*. L[eón] F[elipe] said such modest
vacuities against Huidobro and his followers, Gerardo Diego
was then one of them, that I, who had first not taken the book
seriously, because of its typographical format that [it seemed to
me] was affected and useless, ended up defending it, for it was
easy to defend against such incompetent attacks. I think [León
Felipe] had just arrived from New Guinea, where he had been
employed as a druggist, and this honored him as a man and as
a writer. His name was then, if I remember correctly, Felipe
Camino de la Rosa, and I ignore the machinations he carried out
with his name. He first removed the Rosa, then the Camino, and
then he added León. The rose was then moving towards the

lion, the lion "Felipe." He used to speak like a domesticated lion.
I wanted him to talk to me of New Guinea and not of ultra-ism,
of botany and not of literature, but he wanted to talk of litera-
ture and ultra-ism, and not of botany and New Guinea. I never
saw Felipe Camino again, let us call him thus, nor heard from
him for a long time. Years later I heard he was in Panama, later
on in Madrid I saw a book written by him, a collection of poems
by him with the new name of León Felipe, with a photograph
in profile of the man, which attracted my attention because of
its beard and moustache; a most curious thing in a book of
poems. I believe with Mallarmé that in every book of poems
there is always poetry, but [in his case] I did not find a single
poetic line. It seems to me that what he wrote was a loose
mixture of newspaper writing, translation and wailing, a con-
fused ambition towards something that never became reality. I
was horrified by his allusions to the tunic of Christ and Dyoni-
sus. Years later, when Gerardo Diego asked my advice about the
second edition of his *Poesía contemporánea española*,[11] I told him
that, despite everything, he should include León Felipe, for he
already had Bacarisse, and also [that he should include] Huido-
bro, for his Spanish disciples were also included. While I was in
Cuba in 1938, I was told that León Felipe was also there. The
extraordinary thing was that one day I saw him entering the
Hotel Vedado, where we were staying, a man I was unable to
identify, a man I almost knew. He obviously was able to identify
me, for I looked as I always did. A young woman: "You remind
me, your appearance, your beard, of León Felipe." I answered:
"My beard has been with me since I was nineteen years old, I
have no idea when León Felipe grew his." I found out in Cuba
that he was reading, before occasional groups, with demagogic
(communist) passion, long poetical writings for the occasion and
to bring notice to himself: newspaper editorials with lines as if
they were free verse, but not in free verse, which is something
very different. I never went to see or hear him, naturally, and
this caused some political and literary gossip. They kept telling
him, until he believed it, that he was another Whitman, poor
Whitman, full, exquisite, large and delicate author of *Leaves of
Grass*, "Autumn Brooks," moving name from the earth herself,
from the mother earth, for we must single out the mother with

delicacy because and on account of her greatness! and poor, vulgar León Felipe, bombastic, wide, empty, "Spaniard in exile and in wailing," who wants to take advantage of this occasion, "sad Spain!"; let him not escape by his beard, by his own beard and those of others, like another Conquering Cid! There was in my [village] of Moguer a large, epileptic child who spent the week eating, resting and reading *El Motín*. On Sundays he used to go to high Mass, and around the Creed he interrupted the proceedings by becoming the victim of his "silliness." He would fall to the ground crying and reciting in a loud voice all he had read in *El Motín*, in an incongruous, monstrous and desperate manner. I never believed he was stupid, but that he pretended to be. When he finished his Sunday spectacle he would take off running towards the town square followed by the other children. Some brainy critics from the two casinos, the gentleman's and the liberal's, took him to be a prophet and they almost started a religion in his name. When I read the recent Hebraic lamentations of the lion Felipe, I remembered the "tonto" Venegas. Yes, let the children stop playing the flute and let them run in circles around León Felipe. What else would I want! And let them all together shout the psalm of demagogery and shame, sad Spain! and let them do it with wailing, stomping, screamings and general foaming, and a handkerchief for the nose hanging from the breast pocket of the coat like a dandy on parade. This is prophetic. It is eleven o'clock. Is it possible that I have given twenty minutes to this affair? What is long is contagious.

FRAGMENT 2

Who is capable of always watching his own thought? Consciousness also nods, "sometimes even good old Homer nods." I feel sleepy. I start to yawn. Hunger, boredom, fatigue, sleep? But, what a beautiful moonlit night! The moon is here, almost on the skewer of the palm tree, as in France it was on the laurel![1] Since I came to America it is this eternal moon, that since boyhood has been so many different things to me (girlfriend, sister, mother of my romantic adolescence, naked woman of my youth, desert of plaster that later on astronomy defined for me) that brings me on its surface the sight of Spain. I see the moon as I see my land, our own planet seen from the outside, from the edge of nothingness for the exiled who seeing his own country so distant feels the whole world distant. And on that moon (moon, earth, the world, the globe of the world) [one may see] well defined in reddish gray on white, the beautiful figure of Spain. The moon now is not the moon of other times in my life, but rather the high mirror of my distant Spain. Now it is no more than a mirror. The moon now, at last, gives me true comfort. How many dead presences, alive and dead, it brings me. No, will those parts of you ever again come together to form you, will the sun ever again light up your bare face, will your fine and strong hand be raised again to your head? And you, Spain, always here, there in the middle of the earth, of the planet, surrounded by the whole sea, in the middle of the world, in your exact place and form, hide of the bull of Europe, madness and reason of Europe, unique Spain, my Spain. My living mother, from whom I learned everything, used to speak like the whole of Spain. And the whole of Spain speaks to me now, from far away, like my distant mother. My dead mother, from within Spain, buried, is the fertilizer of the internal and eternal life of Spain. Her living death. Spain, how I can hear you when asleep, awake, daydreaming, in dreams. The evil foreign feet that step upon your life and death, upon my own life and death, will pass as they step on you, Spain. But then you will join the new fruit and flower of a future paradise where I, alive or dead, will live and die without a voluntary exile. The splendid high tones of Beethoven's *Eroica*, which Bruno Walter played yesterday, do not leave my ear, fixed on it as on a record. I never listened to the *Eroica* as I did yesterday. What color, what plasticity, what contrasts in the "Funeral March" that I had always thought monotonous and long. What a well proportioned unity. I was intoxicated. True music has for me more vitamins, with a greater number of letters, than all the pharmaceutical preparations in the world. No wonder, for it is made of the exhaled life of the one who creates it and the one who plays. How can he not internalize life in the listener as he exhales life within his spirit and it permeates all the pores of his opened body? Life. This morning the sun made me adore it. It had, behind the dripping pine trees, the oriental brightness, orange and crimson, of a living being, a rose and an apple, in the physical and ideal fusion of a true and daily paradise. How little we care to look at the rising sun, an original and truly unique power. I understand the adoration, blessing and curse on the sun; the idolatry of the sun. This is our only visible origin. How can we doubt or forget that we come from it, that it "sustains" and "maintains" us in all the meanings of the word? Balance, rhythm, light, warmth, food, joy, serenity, madness. Walking against the sun, walking . . . The wolf, his entrails torn open by a blinding car in the night, the dead rabbit in the middle of the road, with its mouth and eyes beyond life. Black breezes hanging in the air that is still moist, close, over

them, rabbit and wolf. Hunger is near, with the face of the
greasy hut of a half naked Indian, of a half nourished black, and
with smells that do not go with my own smells of oranges and
toasted bread. The skies hold immense mirages. The white
cranes rise in the air in an elastic flying, soft as flowers. The
snake that slithers in quick waves, and we who kill with the
wheel. A pair of slow turtles. The ocher butterfly dead as a
flower against the window.[2] A crab running with its mouth
open. Malaria. Pink clouds at noon. A confusion of brain and
sun. We stop. Has someone, something called me? I come out in
the open air. Distant sounds of a free day. Suddenly the whole
murmuring silence and we find ourselves alone. Everything has
been fused, life, death, greenery, hunger, repugnance; the pre-
sent and the most distant state of total harmony where I find in
myself a center and at the same time an infinite distance. We
keep on walking. Must it all be resolved in woman? Why are the
heron, the wolf, the hut, the swamp, cloud, mirage, the wind in
the car window nothing in themselves or me? Where is what
they are? In universal woman? Did you call me? Who? We stop
again. I reappear, vertical and with the noise of a burning womb
within an immense silent and palpitating circle with a distant
melody, and next to me, a ring of frogs and hidden stars under
the light of the sun, but there, there. What an obsessive presence
in my life, those present stars hidden by the light of the sun.
Everything seems to ignore me. How foreign I feel walking
fully clothed through these paths in immense swamps. But I
recognize everything. I see the whole of nature as something
that is mine, but nature looks at me as an alien thing, the flower,
the flight, the bad smells, the mosquitoes. The shadow, light,
escape, arrival? From whom do I escape, what is waiting, to-
wards whom do I walk, nature? No, the details are missing.
Infinite harmony, the whole melody of which I am only one
note, like the crest of the red sunrise, and the wing of the tiny
white flower. This being in the middle of everything and out-
side everything, is this me? I am now in the warm house, an
island cubically closed by white walls inside nature, houses
amid trees that remain foreign and the radio shoots, at us, like
a bullet, a surprise in the most unexpected form. Today Joyce
died in Zurich[3] where he wrote, during the other war, his
Ulysses, and where, no doubt, he tried to find refuge in this one,

as within his own old book. I would have liked to see Joyce in death—the definitive rest of his bent and diminished head, in a concentric hypertrophy like the one in my heart, through work—his fully wasted eyes, as eyes and senses must be when they reach death, wasted eyes even after the successive cares of opticians. From the collective center of death, the death of so many we are unable to evoke separately, from Oxford, I received today the *New Oxford Book of Spanish Verse,* printed and bound with the care and elegance that is customary with this beautiful Oxford Press. What a lesson. The same used to happen in Spain, books on peace were printed in the midst of disorder, and books on silence in the midst of noise. Trend, who was poisoned by gas in the previous war and is staying at his place in this one, Christ College, on writing this new edition, which was first edited by Fitzmaurice-Kelly, has fortunately removed the little sonnet of Leopoldo Díaz to Santiago Pérez Triana, "out of the love we both profess to the Spanish language," with which the book was introduced. Pérez Triana was a kind and smiling man, a hero in sickness. I remember the pleasant moments spent in his house with them, with his American wife who used to give us those colorful meals I wrote about, and his Sonny about whom I wrote some verses. But, why include in the Oxford book his sonnet, so out of place in merit and interest? Trend has also changed my poems that Fitzmaurice-Kelly selected, without consulting me, and added titles of his own invention ("*Espinas perfumadas* [Perfumed thorns]," "*Hastío de sufrir* [Tiredness of suffering]") where there were no titles. In the selection of the poems following mine (the first edition ended with me) and in the prologue and notes it is obvious Trend is very much under the influence of the war in Spain and in England, and at least this is completely natural. As an appendix to the poems, Trend has added a few pages with examples of traditional and baroque Spanish poetry, very useful and accurate for the English reader. Wonderful English reader. A few weeks ago, London transmitted to all of us a lecture on the eglogic peace of Virgil; also a conversation with T.S. Eliot on the endurance of language and the disappearance of everything else.

[Quote from Eliot *(Times)*]

FRAGMENT 3

How BEAUTIFUL IS the heroism of the cultured and serene man, and how ugly the heroism of the brutal and rough.

[It is] the brutal man who lets the impartial Julián Besteiro die in jail, or who hunts the honest and sensitive man who finds refuge in another country out of need, and hangs him or shoots him, the way the vengeful dictators of Spain did with the good and honorable Cipriano Rivas Cherif, and others I did not know personally. How kind Rivas was to us in that month of August, 1936. Thanks to his generous spirit and the free understanding and noble diligence of Manuel Azaña, we were able to leave for the, then, freer air of the world, for in the air of Spain [missing] we were drowning. I will never forget that yellow hall facing the foggy Guadarrama where Azaña, serene and smiling did not look like a prisoner; and how sad it was to leave back in Madrid many of those I would have liked to take with me. Here you have, purists [casticistas], the so much advertised "strength" of Spain; Azaña, dead of sadness, Besteiro of ingratitude, Rivas of vengeance, in the name of tradition [lo castizo].[1] How different from the Finnish General Mannerheim are the men of small and dark soul whose footsteps resound in Spain. I keep as a lyric and epic jewel the speech he made to his soldiers when they surrendered to the Russian Wolf. I have quoted it in my book *Epoca* as an example of the poetry of war.[2] What strange concepts, incomprehensible ideas, confused feelings, one reads and hears on the poetry of war, and what a beautiful page was written by José Martí on this subject. Mannerheim will become to his Finnish people what Gandhi was to his Hindus, a hero of the future. And to think that this whole war is seen in the proper perspective, a theatrical representation. Our whole life is but a theatrical representation under the light of the sun, the only comedy or tragedy that is simultaneously theater and truth. What a sad truth for the one who simultaneously is actor and conscious spectator. How is it possible for this actor, this conscious spectator, to be joyful and excited rather than melancholic and silent? Which is the place of god, author, actor, or spectator? My little friend from Puerto Rico, a three year old, a little green, blond and gray mound of charms and palpitating graces, the unforgettable Malusita who is no longer who she was for she has already played her part as a girl in the play of her existence, asked me, as she stopped suddenly on New York's Fifth Avenue: "Juan Ramón, where is god?" I answered: "Well . . . you already know that." But she insisted, pounding the large slab impatiently with her tiny foot: "Yes, I know. But, what I meant was, where was he before being where he is now?" I kept looking with a sad, silent smile at the autumn air of the park now with dry leaves. How strange is the change of seasons. I have always been able to feel each season within the heart of another. Now, in January, I am feeling spring, universal spring. This is the case here in Florida, where so many Spaniards lived and died, the seasons are more equal among themselves, and thus they have to be felt with more subtlety, more depth, in order to distinguish them from the confused totality of the total season, of a possible eternal paradise. Here all the seasons are seen at once; the dry, yellow, green, copper, red trees are the home of flowers from all time and places. Only the birds, also singers, feel the difference and separate them the way I do. This humidity that yesterday sent shivers up my spine, today is so pleasant. This humidity brings to memory, next to this gray sea, the manuscript of Shelley's poem, "Indian Serenade," which I held in my hands twenty-five years ago in the Morgan Library. It still had with its sea stains the humidity of death and life that drowned Shelley. Aeschylus, Keats, the author and this serenade that looks naked, shared the same voyage. How bold the serenade must have felt when it shipwrecked, and how cold I feel on reading the strange letter Keats wrote to Shelley from Pisa answering his invitation. Spring, Keats, Shelley, the wind from the West. While in Cuba, as we were traveling from Matanzas to Habana, on a road covered overhead by green, the "toties" and the "sinsontes"[3] kept singing to us the whole journey from those magnificent and already black laurels. How the blackbird used to sing, in Madrid, from the highest branch of the pine tree in the garden of the Count of Gamazo, facing our house. In Moguer it was the swallow in Nueva Street, in the street of Aceña, in the street of the Cárcel, in the square of Las Monjas, in what a crazy way they used to fly up and down; in New York it was the delicate camellias of Washington Square, among houses with red bricks and lavender windows. The two of us took a walk along Washington Square remembering places, spaces, shapes and colors of 1916. How spaces, distances, change with time, much more than colors and shapes. What a beautiful morning of memories, though it was autumn it looked more like spring. Later we went looking at books, old and new, in the pleasant, welcoming, intimate, small bookstores on 8th Street, and then, once more, the Whitney Museum with recent American paintings and sculptures, and which, free now from French influence in the essentials, is starting to develop its own expression and style. The development of this trend is very clear in the book by Beard, *America in Midpassage;* we read it every night. As we leave we sign a petition not to tear down the old houses and trees of the area, of such a charming color. How well they fit with the colors and lines of the international women of New York: With the young, thin, red-haired woman reading a book on the steps of her house on Fifth Avenue; with the child seated under the centenarian tree on a rainy old road to Tarrytown, on that low and lightless day; subdued red light, all hers against the large greenery. Elizabeth Wheelwright also has a particular whiteness under her silver and gold hair and eyes of a different green. What charming Italian she speaks, a beautiful voice and an air with memories of Florence. I spent a good morning with her

visiting museums, though she was only interested in the primi-
tive Italians of the Metropolitan. She understood nothing of the
Modern Museum, and I spent a whole hour sitting and contem-
plating the three paintings by Van Gogh, the woman in green
and blue, the fence with the setting sun, the replica of Millet.
Then we went to the scientific exhibition at Rockefeller Center.
Such a wonder the development of the human being in the
maternal womb. What a situation, what an event to spend nine
months in the womb of a woman, among fibers, membranes,
veins, automatic juices without interference from the will; such
a wonder for her as container, and for us as contained, for her
horribly swollen with us, there inside, as we will be in the tomb
one day, all wrapped up, like a small marzipan, a   . A womb
or an egg, and inside sucking the blood of a mother through the
navel, a little baby, a little chicken, a little being that will be-
come later with a little more time and space the one we are now,
the chicken and I, I who eat the chicken and make him internal
again; and to think that I shall never remember, if I do not
choose to, how it all began. But I do remember against my will,
especially in dreams. All those nightmares of narrowness and
oppression, of underground passages and towers, winding stair-
cases, constraint and tightness, so frequent in my nights, I am
sure are memories of my own womb. In New York, at last, I
have seen myself with pleasure in this passage from fetus to the
moment I was born, the 24th of December, 1881, day, month,
year, names for those addicted to precise counting. I am then
today fifty-nine years old, plus one month, out of my mother's
womb and nine months no one counts inside it, and my mother
living already "in" Moguer, in Andalucía, in Spain.[4] And I,
now, completely outside my inside, am a prisoner outside. What
a jail, more confining than a womb or an egg, is this forced
absence due to injustice, vigil suffocating of torture by the ox of
F[ranco], narrow tube that squeezes. What joy to come out of a
museum into the street, the square, the garden; how we breathe
the free air and what a painting nature and life are. There is
something of life in museums, but in the street all of it is present,
plus what is inside the museums. What about the libraries? I
have never been able to read in a library. Besides I read little in
one sitting. When I come to something that interests or fasci-

nates me I leave off reading; it is enough for me to arrive at something better, one beautiful page each day; I also believe it is ugly to throw one beauty upon another, one love on another. Now we are both carrying a life that fuses what is best, we work together, walk, cook, listen to music, travel, read together. I am lucky she likes the same things I do, and that she reaches everywhere and feels it.[5]

We feel closer to one another than in Spain, and were it not because I miss Spain in this manner, and what goes on in Spain and the world, I would be happy insofar as an interior man can be happy. The men of my generation cannot, will not be happy [in the world]. Only León Felipe, [only] the fakes. We have no "help," as it should be, we serve each other with pleasure. Once a week a "colored" woman comes to fix up those things that we, because of our work, are not able to fix. Help should be only for this reason, and should include only what is pleasant. We should be able to take care of the unpleasant ourselves. Conscience and life would be at rest then. We do not go out much at night. How well she looks in her evening dresses, how young she looks, how stable her spirit is. The colors that best suit her color at night are black or gray with green or silver; white during the day. She has the good taste to wear no makeup; only at night she adds a little accent; and how she is able to bring out with a touch of soft pink and the blush of excitement the special, intimate, secret green color of her eyes. Her gaze is as deep and rich as her mother's. I believe we need not embellish ourselves too much for life; just the essential cleanliness in order to be in tune, our full life with the full life of nature. As much as it agrees with nature and life, that is the rule. And if we have to get dirty we should get fully dirty, without being prim. We must not divide life into clean and dirty, nor distance it from the earth; it is better to unite earth and life without waiting for death to unite them against our will. Everything must find unity in life. How unpleasant it is here in Florida, the division of human beings according to "color." On benches, public transportation, at fountains, there is one side for whites and another for blacks; blacks must be indoors at a certain time; members of the other "society" do not look upon them with favor. [About blacks]. And, strange to think, I have never seen them bathing in the sea.

We went to the sea this morning; it was flat, flowing almost with transparency; it let us see its depth as a revealing face. Its lack of "color was almost white,"[6] The light seemed immense and the water kept changing. Human beings looked almost black, beastly, over-human. How coarse women looked and how large. Nature, a beach for the children, and for grownups who have not forgotten they may become children again. Later on, a good evening, black and white, and a concert by Bruckner, his *Eighth Symphony*, and Bruno Walter conducting the N[ew] Y[ork] Symphony. A large hour of music, similar to this morning's nature, though different; as different as this music from another. What lyricism, what sounds from the orchestra directed by Bruno Walter. It fills with light the day that was filled with sun. At night [I read] the letter of Alexander to Darius III, already defeated by him, and St. Paul's to the Corinthians, particularly on charity. Two unforgettable letters, each dealing with its own subject. In Spanish only Saint Teresa's [writing] can compare to the letters of St. Paul. What a deep relation between them, the symphony by Bruckner and the sea I saw this morning.[7]

FRAGMENT 4

THERE ARE DAYS like this, a complete unity, worth living. Beautiful Sunday, twice a true feast. I remember what Stendhal considered a beautiful day when he was in Rome, but there are things not worth writing down, for then it seems they did not happen for us; and what a delight those things that happen only for us. The sunset stayed within the night absolutely and completely. The lights of Bruno Walter were still crossing the twilight. The daily, *La Prensa,* of N[ew] Y[ork] published an article today by our niece Inés Camprubí Mabon about the exhibition of her sister, Leontina, in New York.[1] Our two nieces are gifted in an extraordinary manner for whatever is best and worst, but they are still unable to understand that to become a true artist, to arrive at the fullness of a vocation, one must relinquish the little things of life and grow only with what is great. How magical the Hudson on that black and silver night when we accompanied Leontina to her study. It was overflowing, cold and live iron, and it looked like a raging sea caged by the stone and iron buildings. Everything appeared black-green and the quiet air was all ice. Every morning I throw away dated newspapers. I am fascinated by the dailies, what is daily. I would have liked to publish all my writings in a corner of a good daily, among everyday life.[2] I have always seen my writing as something provisional, and a newspaper would have been its proper place; a work in progress up to the very end, and also transient in what it has of the provisional, just like a newspaper. And what a pleasure to arrive with the newspaper, each morning, in so many pleasant corners, far and near, where, perhaps, an alert sensibility would pick up, as it developed, my developing message: the immense minority, my adored immense minority. I have considered the book, since I turned thirty, to be final, and the literary magazine has seemed to me to be like an album. This note on a piece of fossilized bread found in Switzerland . . . What an irony in this fossilized bread left over from the centuries now that there is so much scarcity of daily bread. The solution seems to be to study fossilized bread made out of the bark of trees. Let Hitler not find out, Europe would be left then without a tree. I always thought of the brain of Captain Lindbergh as a fossil. I always considered him to be a cretin. His longuish body and his little head sticking out up there like a red match with distrusting eyes. Almost all the men who carry out mechanical "feats" appear to be idiots about everything else. They fix on a project with unilateral stubborness, and since they have that side hypertrophied they accomplish it. Idiots are generally skillful in technical matters. To be able to think is a different story. Lindbergh "thinks" that it is the same for the world and for his life whether dictatorship or democracy triumph, and that America must think only about herself, and have nothing to do with Europe, the most civilized ancient world; that is to say, America should not be concerned with any other part of her head that is not mechanistic. And this man has been alone, his head more or less whole, in the starry night over the Atlantic. Now, it is obvious that the only one to see that night was his airplane. He has the ideology of a machine. Just as a coachman usually becomes one with the horses that pull the carriage, so pilots become one with the airplane they fly. The yellow sunset has put its lights out, red and green, and the night throws a shower of henbane over everything and over me. I remain fixed as if joined to everything without the sensation of there being any substance of other people or my own: water on water; a whole that does not change. At this hour my being is like a

lovely beach in the dark, and the total time of my life invades
me like a sea that has made tranquil all the shipwrecks of my life.
Every memory breaks against me like a wave, an immense wave,
and reaches to the last pore of my totality filling me with its
condensed substance. A memory, then another, another, in slow
and steady rhythm. There is only perception, the entrance, and
the invasion of the rest of the world exiting through me. There
is no exit in me nor entrance into other things. I and my past
remain alone. What a possibility for a normal, tranquil state, a
possible death; man turned into a spiritual rock of light reduced
to a shade, letting himself be invaded by his own lived, rhythmic
universe.[3] I turn to the thought of the womb where I lived for
nine months without memory. If being born is an unconscious
and progressive integration, dying will be a progressive, uncon-
scious disintegration. If there is no consciousness, what is the
difference between the tomb and the womb? I remember those
two instances when I could have died without noticing, without
feeling fear, or uneasiness, or sadness, without feeling life or
death; once, feeling seasick on the stormy sea, when I remained
for I know not how long stretched by a staircase at larboard,
having disappeared from myself, and apparently, from everyone
else; and again, when I was poisoned by an injection of mor-
phine, [given] by a hurried doctor on a cold morning.[4] I kept
vomiting, and I did not mind doing it, nor how many times,
forty, fifty, sixty. I came to like vomiting, vomiting myself out
from the inside, and I was melting from the inside, and I
couldn't care less. I remember that terrible story by Huysmans,
about a colonel with dysentery whose only desire was to reach
his home in Paris and die sitting on the toilet. Most probably
dying will feel pleasurable. How peacefully my mother died.
Those words of her last days, how simple, how deep, how exact
they were. It seemed as if she left one paradise to enter another.
Is it possible that the people of Felix Ros stole the pages I wrote
about my mother's death?[5] They were written under the sun of
Madrid, in those autumn days when I returned from Moguer,
and I could not write them again. And that stupid charlatan
Pepito T,[6] how he darkened my trip to Madrid. I wanted to glue
my senses to the fields, hills, marshes of Moguer passing by,
light and shadow of October, and was not able to. What would

I give to have those pages with me in this room in Coral Gables, as white as that other one in Moguer where my beautiful mother died. My room (bedroom and working room) faces three factories. I like to see others working while I work. All of us workers get up at seven o'clock and by eight we are already working. If at times I feel tired and start to think of other aspects of life that are less difficult (walks, theater, visits, etc.) I look at the black man washing cars, the woman who fixes hair, the mason, the carpenter, the nurse, and with what joy I forget whatever was calling me to rest. Victor de la Serna used to work harder, as night inspector of trains, and during the day in his office of the "Renacimiento." No, I did not behave properly with him. It is true I needed my money back, to pay the rent, and the landlord could not wait, and it is clear that the reason for shouting was on my side. But I should have answered him, as I planned (why did I not do it, am I such an enemy of writing letters?). [I remember] his long letter of explanation, honest and full of dignity. I did not answer G[erardo] D[iego] either when he wrote me a letter deploring his earlier young life, in such a clean and beautiful manner, and asking for my friendship. Why did I not answer him? I wanted to do so vividly and I thought about it daily. How many things have I destroyed and how many others have come unglued in my life because of my hate for writing letters? And I always left for a more favorable later time the letters that should have been written sooner. Letters to be written, my daily horror; long letters that arrive, my daily anguish. Like those long visits from boring friends. No, I do not like long visits, nor long letters, not even when they are not necessary. There is no wind, the palm trees are quiet, limp, loose, in spite of their thorns. I cannot stand the palm tree without wind or breeze. The palm tree becomes a thousand times what it is with the wind or a breeze, it changes and multiplies in unimaginable shapes and postures. This is a spectacle that even if it does not compensate for the absence of the pine tree, the greatest tree, or the green poplar, or white aspen, it amuses me to see its graces, woman rather than god or goddess. I am positive that the women from the tropics have borrowed their flexibility and languishing, their rhythmic dance and tender speech from the palm tree. Who invented the fable of the tail of the lion nailed down to the sand? It lacks fantasy. The palm tree is never the tail of a lion but rather the mirage of a lion, the palm tree tickles the blond eye of the lion with its inevitable rhythm. It is possible that the lion might wish to make of his tail a palm tree by dreaming with the palm tree. In any case, it is also possible that the lion might have sown its tail in the sand of the desert to create a palm tree without wind. The lion, the animal. I remember Whitman saying that "he could return to be with the animals and live with them, so peaceful and self-contained; that none of them ever shows dissatisfaction or genuflects in front of the others; that not one is industrious or respectable in this whole earth." We do not visit animals as much as we should, or we do it as the narrators of fables, which are generally distasteful. Only La Fontaine, great observer of animals, brought them down with irony until they could rub shoulders with men and women. Animals should be loved in themselves; every day I feel a greater need for animals, not the domesticated one, horror, but the animal of the mountains, marshes, wind, shore, valley, sea. I am not as fond of sea animals, I like only their ecstasy or their different dynamism; I love the animals of the earth. They have inspired me with some of the best truths they have. Continence . . . who could be continent in as many ways as the animals? Reading the letter that Peter Abelard sent as an answer to the passionate request of Eloise, it seems almost impossible that such a superior man could not have transformed his love, after his criminal castration, and above and beyond all public shame, when his lover, so superior to him, was ready to transform it.[7] Yes, Eloise, no doubt was the superior in everything. How despicable the "normal" man who while his wife is pregnant must find consolation with the prostitute or the maid, and I have nothing to say about the woman, and I know some, who accept, and excuse, this fact. Intelligence, that has served only to divert the natural in man, what superiority has it given man over beast? Happy is the animal and unhappy is man, the fatal inheritor forever of the original sin of intelligence. The martyrdom by tickling the feet of the poor chained Chinese who was thus induced to die among convulsions of tactile pleasure is comparable to the martyrdom of intelligence in love. For this reason I am not able to bear the intelligent literature of love, the so-called intellectual poetry of love, intolerable tickle, pleasing to the reader of animal fables and the natural poet who believes in animal love and the human spirit. The blonder or darker a woman is the more sensuous she is. The in-between type is as if she did not dare to *be* fully, or has accepted moral cultivation as better. And the ultra blond woman, with all her silvery and reddish variations, is more animally sensuous, as is the very dark; their types are closer to the beast. They belong to the extraneous type that does not fit bourgeois or popular circles, but is liked by the people or by cultivated aesthetic circles. There is a type of blond-white, and another of black-blue that become liquid through the eyes, ears, lips, feet, hands; they are like plants nurtured by the rain, always wet, dripping; they are more vegetable than animal, they draw humidity from the earth itself; they are made of flowers and roots. Women are not closer to the animal than men when they are educated, but the "ill educated" woman has the animal idea that men must always be ready to please her when she fancies it. How many women we see during our lifetime that make passes at all men and in all fashions. They believe this is all that is necessary to satisfy all their appetites, not considering that man might be a "difficult animal." And how ridiculous those men who believe that they have conquered a woman because they serve her appetites, who consider themselves heroes because they have served as the release mechanism of a woman who has taken them to satisfy her urgent, carnal appetite. This is the ridiculous side of don juanism. And how stupid the woman who does not know all of the above, in Spain, Russia, France, New York, Havana, wherever. So much stupid trickery to add one more to a life of vulgar and stormy adventures. How choppy the whole sea that Florida is today, sea of water, earth and air, but how pleasant. The stream from the Gulf of Mexico provides this exquisite breeze that makes bearable the greatest heat of summer and tempers the cold of winter, and extends its beneficient power only up to Palm Beach. In San Agustín, pronounced as in Spanish, it is as hot as an oven in August and it freezes in January. How intimate is this town of San Agustín, so choked among its immense trees, still sheltering so many tombs and so many Spanish things. How beautiful the exit

towards Jacksonville and how evocative the Spanish names one
finds on the way. I had a teacher who taught me that the Gulf
of Mexico was called the "Gulf Stream" because he read "Gulf
Stream" on the map; and what is worse, I believed him and
repeated it for a long time, and when I already knew that it was
a mistake I could not get it out of my head. How deep whatever
we are taught as children remains in our senses, and even mis-
takes have a high prestige. This happens to me with cities, I take
them to be one way and then I find them to be different. I have
never been able to place my Granada of Pheophile Gautier in
the real Granada I saw. The light of imagination is so strong, the
light inside so different from that outside. How much light in
the whole of Florida; this earth is so flat and low, this coral reef,
that the sky rises from its very roots and reaches into an im-
mense measure of infinity. What an impression the light of each
country, city, life, each being makes on me; the light of the
world in life. Now I feel an ideal breeze from the orange blos-
soms from Orlando: Orlando, crimson bricks, orange earth, the
smell of oranges over the lakes. Light, light. How many different
lights within my light and my shadow. The last angels of the
rain have flown in threes, in fives and sevens, transparent
against the blue sunset. The best sun of the last hour cleans the
green below, like a high sea, with a total, pure ray. How simple
and smooth is the beautiful. And what an unnecessary Byzanti-
nism the "Canto" by Ezra Pound, which we read last night. It
starts well: "So that the vines burst from my fingers / and the
bees weighted with pollen / move heavily in the vine-shoots: /
chirr—chirr—chir—rikk—a purring sound, / and the birds
sleepily in the branches." / But then," ZAGREUS! io ZA-
GREUS! / With the first pale-clear of the heaven / and the cities
set in their hills, / and the goddess of the fair knees / moving
there, with the oak-wood behind her, / the green slope, with
white hounds / leaping about her; / and thence down to the
creek's mouth, until evening, / flat water before me, / and the
trees growing in water, / marble trunks out of stillness, / on
past the palazzi, / in the stillness, / the light now, not of the
sun. / Chrysophrase, / and the water green clear, and blue
clear; / on, to the great cliffs of amber. / Between them, / the
cave of Nerea, / she like a great shell curved," / etc. It is a pity

Pound has to reach these descriptive extremes for as soon as he is able to quiet his need for "aesthetic" superimposition, he produces beautiful "examples." The same happens, in another style, with T.S. Eliot. What a beautiful poem "The Journey of the Magi." How many unnecessary classical quotations and how many allusions to countries more or less exotic in the whole of modern English poetry. How many echoes of others. Like Jorge Guillén and Pedro Salinas in Spain, these poets as they build their verses superimpose on them the findings of others. It seems as if this generation is everywhere the same. Is Eliot's "Hippopotamus," not an unfortunate paraphrase of "The Black Child" by Blake? Turner wants much but is capable of less. In some instances he achieves his goal:

Quote[8]

FRAGMENT 5

St. John of the Cross expressed better than anyone else the transformation of love at two levels: he idealized material love further than is possible by means of his poetic ineffability, and brought to light the ineffable in sensuous pleasure. The poetry of St. John of the Cross is like music; one does not need to understand it if one does not wish to. It is enough to apprehend simply here and there while surrendering oneself to the rest, as in love. I know of no other poetry that needs less understanding and effort to be enjoyed. This is what Ramón Gómez de la Serna used to call "ideality or effeminacy," opposing [what to me is] this realistic idealism to [his invented] "magic realism." The transcendence of magic realism is what has always been missing in Ramón Gómez de la Serna for him to become a poet. I have just received "The Complete Biography of J.R.J." by Gómez de la Serna, introduced by the Hebraic lamentation of the lion Felipe of Judah, entitled "The Man of Great Responsibility." I have always been fond of fantastic criticism, but this is such a vulgar mixture of truth and lies. It is nothing less than an invention in bad faith with the purpose of creating a worse legend to replace a better. Where did Gómez de la Serna find that I lived in Madrid in the street of Jacometrezo and [1][missing]! These inaccuracies are justified with the excuse that "one must do them to make a living." I understand and excuse what is excusable bearing *this* in mind when others do the same. Gómez de la Serna had already written another "fantasy" about me in bad faith when he needed to in *Cruz y Raya*. I did not wish to write in the first issue of said magazine out of a general and particular feeling of dignity; this resulted in an ugly attack against me by its frustrated Director in the same issue. Also, since Gómez de la Serna was one of the collaborators in number 30 or so, he came out with a direct "essay" against me, against what is "effeminate," and this was published in the magazine. To write against others, against me, is a natural thing, and I deserve whatever is said, except lies and calumnies. I write what I feel like against what I do not like, but never out of the need to make friends with other people's enemies. We all have something "effeminate," I, for example, the exalted sentimentalism of my early youth, due mostly to a nervous illness, loneliness, and being distant from home as I was, in French and Spanish hospitals; Gómez de la Serna, for example, his feminine desire to be noticed, his corporal plasticity, curly hair, his movements and swagger, his clothes, ties, his gaudy canes, tanning of his skin, reciting of his poetry from an elephant or a trapeze, [missing] and the most "effeminate" of all, his constant adulation of reviewers and magazine publishers. And now, Ramón de la Serna, your hysteric "imperialism" shows that your life has been fully dominated by opportunism. All this I call effeminacy [*cursilería*]. How sad that all these goodnesses and evils are so confused in one single human mass. Suddenly, the radio. Again the freeing music. My music, enchanting music, how well you dance, how well does your skeleton, liver, spleen, diaphragm, bile, your meters of intestines, microbes, rectum, your excrement dance. Music, you are safe from so called ugly reality. Sing to me, dance with me, kiss me, embrace me, charm, woman, form, divine! Or rather, you, female animal that does not show off with perfume, that attends to all your needs naturally and wraps your love in them and wraps us in your zoology. Kiss me, sing to me, dance with me, kiss me, seal, charm, true goddess with nothing to hide, wishing to hide nothing. And how boring and vulgar is that other animal Sibelius. It looks as if the whole nineteenth century has unloaded on him like a cart full of lead, its stormy, long, worst and widest, heaviness. Only Richard Strauss, in what he does, can compare to him. Do Mitropoulos, Bruno Walter, Toscanini like Richard Strauss? Do they like Sibelius? Why do they play him so often? The very intelligent Lawrence Gilman said that the Symphony of Schönberg was the last beautiful symphony of the nineteenth century. It is a curious fact that the Germans who are most alive, Goethe, Mozart, Heine, Nietzsche, etc., turned towards briefer and clearer civilizations and countries, Greece, Italy, France, fleeing their own cloudy skies. And it is even more curious that foreigners like Unamuno, Mitropoulos, José Ortega y Gasset, Óscar Esplá, et al., Greek and Latin, turned to Germany. It is almost inconceivable that Mallarmé, who was so acute, would consider Wagner as his talisman, and that the symbolist group would publish the *Wagnerian Review*. What confusion we must skirt, those of us desiring and eager for true beauty. Music, painting, poetry "are done" out of pleasure, like love. They are not even a religion, not even a sect, the artist is free. The lover does not make love to create a perfect child, a bridge is not built to beautify a river, a poem is not written to solve a mental problem. The poem might turn out to be, if beautiful, useful; the bridge, besides being exact, might be exquisite like the [George] Washington Bridge in New York; and the son, both beautiful and balanced. But these are the results. I follow the art that inebriates without clouding the head, German style, like alcohol. The natural stimulus for intoxication is only beauty, a beautiful woman, a beautiful tree, a splendid sea, music, poetry, paintings that are beautiful. Serene madness, serenity is joy. Do "Christian Scientists" believe this? Below us lives an exemplary Christian Science matrimony. They believe, for example, that the terrible poisoning that a few days ago almost carried me over to the other world, and was the fault of irresponsible and ugly doctors, did not need to be treated by pumping my stomach, but by simply forgetting it. But since they must avoid contagious illnesses from others, it would be damaging for those of their sect to become contagious. When we, as an example, have the flu, even though they are so good and polite, they do all they can not to share our environment. Today the lady received a telegram informing her that her mother was dying of influenza. She came to say goodbye. How will she manage to put together the flu microbe and her mother, or rather how will she manage to separate them? This is the opposite case of what happens with poetry. For in science reality comes first, while in poetry last. No, I do not believe in Rilke's "experience," nor do I much like the part of his poetry that is experience, nor do I accept as better those other "scenes" like "Christ and the Magdalen," "Judas," "The Orchard," "Spanish Dancer," so similar to Martí's, and so much handled by poets. Gertrude [missing] has dealt better with these themes and similar ones, Lenin, Judas, though influenced obviously by Rilke.[2]

Stephan George admonished Rilke for his frivolity and Rilke paid no attention to him. I do not think it possible to place Rilke above George or Hofmannsthal, despite his extraordinary gift of inner music. I believe that a great part of Rilke's reputation is due to Paris, to the "princesses," the snobbishness that Lou[3] [Andreas Salomé] so justly reproached him with. I have no idea why Rilke travels better "inside" than Hofmannsthal or George. Inside. I shall never forget the joy, rather, the deep moral well-being I felt when at the age of nineteen, Rubén Darío, after reading some of my first verses, and generously forgetting the vertical distance separating his stage of development from mine, said: "You travel inside." That became a kind of epigram for my life. And later on when he read a dedication I had written "To my soul": "These are the dedications we must write" (the others were written by Villaespesa using my name).[4] This was the compliment I needed. What a noble man Rubén Darío was and what a subtle critic. He used to carry my manuscript in the pocket of his overcoat, and from time to time he would bring it out and read something to someone sitting at any table of any cafe: Valle-Inclán Benavente, Alejandro Sawa. One rainy afternoon with Villaespesa, I tore up half of the manuscripts I had written as a child. Today I would like to regather those pieces of paper falling so hastily in the shadows, like the snow of a library, into the wastepaper basket of Julio Pellicer, so that I could again tear them apart to my heart's content. How I like to tear up papers. At last I have come to understand why I keep so many newspapers, letters, books, magazines. For the pleasure of condemning and saving. I feel a unique pleasure tearing up papers; I tear them up for an hour each day and the basket in which I throw them conjures up marvelous illusions of casual forms and colors, ideas and feeling coming together. And how good anything I save, how good it makes me feel! The truth is that I was born to save and destroy, keep and discard. I also like to present good books on condition that they be well treated and not sold. How many books have I bought from those with a reputation for "natural goodness," honesty, etc. So many great and lesser poets. And books that were given and dedicated, that I found in old bookstores. (I remember the unjust note that L[uis] R[uiz] C[ontreras] wrote about me when he bought *Motivos de proteo* from Rodó dedicated to Azorín, who had presented it to me. There were, among others, several pages missing about me, and the speaker thought I had mutilated the book and sold it. If I dared to say who sold it!) How many miserable thieves in the odor of sanctity. I sell the books I buy when they fall into disgrace and I do not want them anymore. My library is progressive, like my work. When the book in disgrace is a present, I burn it or give it away, I do not sell it. I remember for the millionth time the books in my house at Madrid, they were loved even more than my own papers. In whose hands are they now? If at least they would be of some use, noble, human or divine, to those who stole them, if by reading a page from my Confucius, Marcus Aurelius, my Buddha, a consciousness would turn peaceful and calmly reflect the truth. But let us not blame the war for these things. Many more books were stolen from me in peace than in war.[5] To steal. I have just finished reading a poem by Jorge Guillén, "The Library," that brought to mind others from my book *Poesía en verso* which I had almost forgotten. It is obvious that others have a better memory of our things than we ourselves. Later on another kind of moral thief will come to alter the facts. What good biographies I could write if I had the time. I have a great liking for true biographies, not those that are poeticised or made legendary, and also for collections of letters. I almost prefer them to essays and poems. If it were only possible for the poet to be himself, without his accomplished work, he alone with his life. For this reason I did not give my consent to Pedro Salinas to write my biography as

"Editorial Atenea" wanted him to. Intoxicating book of letters by great men and women, that we are now reading. What a concise, honest, daring letter Diogenes wrote to Alexander, where he says that the distance between Athens and Macedonia is the same as that between Macedonia and Athens, if he [Alexander] desires so much to see him. How dignified and simple in its truth the letter of Leonardo to the Duque of Sforza listing his "abilities" and asking for employment.

This page to quote from letters. [missing]

I always mix, in my constant reading, the modern and classic. A few days ago I found a new edition of Cervantes and started to reread his *Novelas ejemplares* [Exemplary Novels]. It is a curious thing that Cervantes, when he narrates in "El Licenciado Vidriera" what Tomás Rodaja, i.e., Miguel de Cervantes, has seen in Italy (Florence, Rome, etc.) does not mention a single work of art, architecture, sculpture, painting. The description of what he saw could have been made by a mule driver, then and now. And what an unfortunate and pedestrian use of the trickery and "colmo" [exaggeration]. The truth is that Cervantes did not surpass in curiosity and liveliness the Arcipreste de Hita, for example. And at the other end, Calderón, a forerunner of the idea of "theatrical conjunction" in Wagner (who no doubt knew about it since Calderón was fashionable in Germany). I understand why Calderón was so much liked in Germany; his imagination is as rich in a German way as much as Cervantes' is poor in a Spanish way. Cervantes had to be unbearable as a man and Calderón as an esthete. On the other hand, what a pleasure it had to be to know the minstrel of the *Cantar del Cid,* who conceived his hero, with an inevitable Spanish realism, as a democrat, a defender and friend of the people, an extraordinarily valuable conception in those days. What indigestion Classic Spanish literature gives me, especially from the 16th to the 19th century, and I do not wish to say anything about those who try to prolong it, digging in tombs, like Ramón Pérez de Ayala, for example, in the tomb of Fray Luis de Granada. Out of the whole grotesque "Empire" of contemporary Spain, what I detest most is the return to those literatures of disturbed tombs. The Spanish people need thinner and higher air in order to breathe well.

Why do they not turn to the half dozen poets that with the "Romancero" saved Spain from its literary heaviness? Luckily the people have praised with great comprehension and rightness some of the modern poets. I believe that contemporary Spanish poets are superior to the majority of the classics, and they walk side by side, as in writing at its best, with the "Romancero," Garcilaso, San Juan de la Cruz, Fray Luis de León, the best Góngora, Bécquer, and there is no room for etcetera. And the same with contemporary thinkers compared to the classics, with a few exceptions, as in the case of the poets, Vives, Gracián among them. How boring Spanish literature is in general with its conceptualist ideology and little substance and with constant rhetorical abuses. This I already half saw as a child and now I confirm it. In my father's library I had the "Rivadeneyra," and with the exception of some poets and writings with popular sentiment, I already preferred, as I do now, whatever else I could read, a difficult task then in Moguer, or poetry from England, Italy or Germany. France, I was not then acquainted with the symbolists, and they did not appeal to me very much then. I found in their classics the same Spanish emptiness though with great academic perfection. I had not yet read Montaigne. The Spanish "classic" writers had lived in Spain without paying any attention to their interior life (I do not refer to the mystics, a different interior), their perspective, their ideal landscape, their transcendental light. For this reason they have given us a picture of a realistic and at times a crude Spain. Only glimpses, here and there, of the direct path. The rest was always felt through Greek and Latin classics. What glory to be a Spaniard of the complete Spain, but how badly have its writers, old musicians, painters divided Spain. The intimate grace of Spain, where was it hiding? Did the men and women of Spain speak then in their classics? Were they as rhetorical and did they talk in circles? The Castilians could have been like that, for their contemporaries are like that. Jorge Guillén, inveterate man from Valladolid, says things like *"a las buenas horas," "albricias," "por modo y manera," "empero,"* and how badly people speak in Madrid, the summation of all that is Castilian.

FRAGMENT 6

I BELIEVE THAT only Andalusia, with its simplicity, its fine sensuality, its ideal rhythm and tolerance, can save this conceptualist, contemporary Spain. But not the Andalusia of Lorca or Alberti, not even that of Manuel Machado. Antonio [Machado] is the only one who caught it here and there, during his delicious, first epoch. Andalusia is, I believe, what brings Spain closer to the universal. We must not forget that the Arab-Andalusian poets, brothers of our contemporary ones, were forerunners of the English Romantics and French symbolists. I wish I could always have lived in Andalusia, a hypothetical Andalusia, that politicians would understand, [missing] though Andalusia has been the country of Lucano, Mena, the second Góngora.

Andalusia has always been to the common and the cultured mind, a true poem, equal to the true poetry of all poetic countries. And, within the poet, a "manly" poetry, delicate, exquisitely natural, spontaneously perfect; what is usually called feminine poetry, namely, manly poetry. I take poetry (life, death, beauty) as being a woman, I cannot see it otherwise, because I am a man. We must not forget that "poetry" is feminine. If I saw it as a man then poetry would be womanly. For this reason my poetry is delicate and tender, more so than I am. A woman, on the other hand, must see poetry, illusion, in the shape of a man, and the poetry called "masculine" must be written by a woman. This has been well understood by the best female poets of the world. A woman writing "feminine" poetry must be a lesbian. Poetry is love. I am in love with her and I must, therefore, see her as feminine. All artists "in love" with their work have seen her in this manner! Leonardo, Botticelli, Raphael, Mozart, Chopin, etc. What a concert Toscanini gave us last night. It was one of those programs he is so good at preparing: Haydn's *Toy Symphony*, Mozart's *Concert Symphony for Viola and Violin*, Schubert's *Joachim's Symphony*, and as a conclusion one of those bagatelles that Toscanini saves thanks to his original vision. What marvelous delicacy, what exquisite and clean tenderness in the viola and violin of Mozart! I thought Leonardo's Virgin (with Saint Ann and the Child) were listening to it. Delicious concordance of some chosen men through centuries of time and space. Music, what a landscape. How much landscape beyond so-called nature. It is usually said that a great city does not have a natural landscape. But, what about its humanity, its carnal and spiritual human landscape? What a human landscape New York is, what a human zoological field, from all the times and countries of the world. If a true god, different from all those known to us existed, either dreamed or invented, what an anguish for this god to have to wait for this human landscape to find him! The other landscape, where man searches for god in loneliness, does not interest god. And what a bright light this one of the desert, or that of the mountains without humans, those god does not care about. Lions, crows, monkeys, eagles are absurd messengers. How repugnant those familiar auras of Havana were, all black against that immense light of a human, carnal landscape. The light of the world in life. If man were to pay exact attention to the light of the world upon his land, to all that funereal absence, the speeding distance, the eternal impossibility that the light of the world sheds on his life (shining splendor that moves him about bewitched in its magic), then he would be unable to live unless he burned each day, unless he melted himself into light. This beautiful, deeply sad farce of the world's light upon life, is it because the light comes from so far away? Shore, ripple, wave of light springing from a center that we are unable to locate or catch, that we will never catch or locate! For the sun is not all the light, it is only an outpost. Fields, seas, villages, rivers, roads of the earth bathed in the light of the external infinite; beauty and ugliness, mediocrity and human heights [are seen] under the complete, absent light! What a confusion of light under the light of the world; what an outpouring of all solid, liquid, gaseous putrefactions; what lack of balance! Every shout upon the earth turns under the light of the world, no matter how happy its origin, into a shout of horror, surprise, condolence, anguish, despair, hate. And you, drunk with whatever, you who stumbling on the sidewalk grab at the whitewash with its slippery light of the world, how can you hold on to it if not because of the impossible security of the light of the world reflecting on white? And you, masks fleeing the February of life to lighted squares on town halls and cathedrals, and greasy poles and crosses with the late light of the world in the pocket at the top: why do you run burning different lights, but to reach the apparent end of the light of the world in the pole, in the metal of the square? Mad, stupid, sick people who when the light of the world strikes you, all stick out exaggerated faces to others; what runs through your poor brains but the light of the world on the earth, this light of the strange infinity of life, this light of the world upon the hollow and emptiness of your high, small depths? And you, isolated, white, slippery, broken woman dressed in black, getting hoarse shouting at a child who runs naked or dressed in rags and tumbles over the setting light of the earthy edges of the world, to whom do you shout but the light of the forgotten of the world lying in the dust? The light of the world is life; incomprehensible fear, jest, howl, irony. Everything and all, love and death, war and peace, is covered by it and everything looks so black, everyone is so black. Why, for whom is this blinding clarity? Who, what focuses on us thus, and looks at us soulless, sold out, lost? Is this the sublime gift that everything else presents to the poet, to be able to see this field with sunlight, this field with moonlight, this lake of the light of the world upon the earth? Brave, poor poet, you alone face the impossible burning light, and at times, burning in the empty hole, in the gold of blackness, you grow white hairs of a strange ash.[1]

I do not believe in the usual god, but I think of the absolute god as if he existed, for I believe a god must exist in the form I am able to conceive him. And if I am able to conceive him, why not think of him even existing? It would be easy for me to create a true god if I had the material power to create him. I conceive perfectly how a god designed by my intelligence and sensibility could be.[2] When we kiss our own woman on the lips we kiss the lips of god, the whole visible and invisible universe; and love is the only way to eternity and as a matter of fact I do not believe there is any other eternity but love, and if we feel death as a defect it is because we are left without the action of love, because our lips are no longer able to be in voluntary and dynamic contact with the lips of the world.

FRAGMENT 7

THE POSTMAN'S WHISTLE, the familiar horn of his car, Spanish books from Mexico. Among them, some I have wanted very much: *España, aparta de mi este cáliz*, by Cesar Vallejo, *La realidad y el deseo*, by Luis Cernuda, the *Obras completas* of Antonio Machado, of all people![1] What are they doing there, those forced quotations, this labyrinth of tiny, alien sermons? This marketing of the illustrious dead, when we all know what they thought of him! Pepito is looking for money by whatever means and from whomever, from the Jesuits or the communists, he establishes a publishing house with the art of others, and let us take advantage of the circumstances and manipulate the living who allow it or the dead who cannot avoid letting themselves be done in! Has it ever occurred to Bergamín that if Antonio Machado were alive he would never have had the opportunity to write this dishonest prologue? And, besides, why base the prologue, and the book with it, on the frightening though occasional, accidental reality that is the war "in" Spain and the death of Antonio Machado. To dare write a "war" prologue to a peaceful, poetic work, because circumstances have turned "bellicose" the last shaky part of this book, is to relegate the true work to a second plane, as our own life is relegated in any tragic circum-

45

stance. Unamuno, Antonio Machado, García Lorca are now "enjoying" a fame based on the war, thanks to the teeming action of such manipulators of cadavers and reputations. Whoever knew those three well, will know their repugnance for all the noise over their publicized deaths. I remember Teté Casuso, as intelligent as she was impudent, who wanted to parade the soldier's jacket riddled with bullets of his poor Pablo de la Torriente, whom she sacrificed, so that she could dance, in front of everyone, a final naked rhumba "for we must all live." The daring of those profitting from defiling others is excusable when dealing with someone still alive. I remember well the indignation of the other poor Cesar Vallejo at the impudence of this Bergamín when he "wrote" a prologue to Vallejo's book *Trilce*, which the author had not asked for but which Bergamín decided to "write" taking advantage of the circumstances in which the edition appeared. The prologue was full of silly things, like the final comparison between Cesar Vallejo and Rafael Alberti, where Vallejo came up short. These two were prologued to be diminished. How can a poet who receives everything from the outside, like Alberti, be compared to another, like Vallejo, who brings out everything from the inside?

What is extraordinary is that qualified people, out of a momentary weakness or necessity, fall into the circle that "admires" or tolerates such small monstrosities and frivolities; that we are forced to read, with a sad smile, the "praise" of certain persons to the "número uno" uneducated Spanish public, as Unamuno used to call it; people like Unamuno, Antonio Machado and Lorca among the dead, and Salinas, Alfonso Reyes, Guillén, etc., among the living, have said over a hundred times what they think of this irresponsible Bergamín. He deceived me in his youth, I became fond of him and because of this fondnes I looked at his writings. I corrected his *El cohete y la estrella*, which was not written in Spanish from beginning to end, and added at the beginning "a lyric caricature" to encourage him, and I used to argue with all those who spoke to me against his participating in the magazine *Índice*, where I brought him as my youngest brother [the Benjamín in Spanish].[2] I used to correct his writings for a time, also his notes, but I was unable to do so with his little book *Tres escenas en ángulo recto*. What a string of empty words. I told him so and there I could see the little poison, lined with sweetness, of his tongue. A "little miserable soul" has called him, someone who knew him the way I do, this gypsy *Bergamín*. And, why, do I ask, as Ortega y Gasset asked of me, do not all of us together dare to silence him, or always speak the truth, even if the whole world turns false against us with calumnies, lies and dirt? Now we Spaniards find ourselves divided into two hemispheres, and also divided within each of the hemispheres. If those who ought had remained unified in each hemisphere or zone, then the Spanish war would have served some purpose. Another hemisphere, just like mine, like the one that was mine, has an east, a west, a north, a south, a sunset, a sunrise, the sun and the moon and people who make in it, as I used to their whole lives, without even thinking of mine. And some feel like foreigners now in the hemisphere that feels different to them, projecting strange shadows that do not stick to the earth. How many nights without dreams. Normal nightmares without magic or the repetition of nightmares. It is a curious thing how a nightmare, or two, or three, repeats through all our life, changed only externally by the time and space we ourselves are passing through. Passing. How life flows by when we are "grown-ups," what a repeated nightmare it becomes from time to time. At times a very fertile or extraordinarily busy year stops; then we look younger and that year, as when we were children, seems to us to last a century, but neither what is fertile nor busy belongs to us. I used to go to my dreams as to a show. I knew I was going to dream, that the life of my dreams was waiting like a natural palace wide open in the air, or in the abyss of the sea or earth. I used to have two lives, the complete work of the day, and the complete leisure of the night. One golden with shadows accompanying the light, and the other black with lights that used to dissipate the shadows. Both filled me with fascination. To go to sleep was a magic introduction to dreams and at the same time to joy, covering the night like a bridge, at the work waiting for me the next morning, a joy similar to the one on the eve of the Magi when I was a child.[3] What a gift the poem I was going to create, the book I was going to hold! I always have the feeling for my work, but this inability to dream while asleep at certain periods seems to me to be a particular punishment I have not deserved. Last night, however, I had an extraordinary nightmare: a phrase repeating insistently with an unending variety of colors, forms and meanings, for the phrase had color and form like a physical body. With the vertiginous speed of a mad rocket it lit up a different region in me: "The Government has ordered one million five hundred thousand coffins," the radio said last night. Yes, they are carting away lots of people from Coral Gables, flowery and peaceful as it is, university professors, doctors, workers. Yesterday the maker of window blinds said goodbye to us. He was going to be married this year, but he said "We must leave it for next year." A year passes by quickly. As long as one of the coffins, out of the million and a half of my nightmare, is not destined for him. There is in general greater acceptance among the grown-ups than the young, greater among the workers than the rich. The young Americans attending universities today are not the same as those of twenty-five years ago: they are ironic and not idealistic, but who knows how far their lack of idealism and their irony are right. This great country, everyone says, is also heading towards war. It has been my lot to see in the United States the two "preparations" of 1916 and this one. There was true sentimental and ideal enthusiasm in 1916. But everyone asks how can we avoid it? There is no way to do so when a scoundrel is forcing us into it. Will there be a corner of the world at peace? Will the dove of peace fly away from the world? The German gorilla calls this making war for peace. What a shadow! Looking at the shadow of the fountain over the green field I think of the shadow over the world. The shadow has more substance than the body projecting it, because it is no doubt the sum of the body plus the projector. What an enormous shadow this one is, cast by the evil head of the world!

NOTES

FRAGMENT I

1. "Morita Hurí" is a prose poem published in the fifth notebook of *Sucesión* (Madrid, 1932). It is the story of a dream about a sultan and a moorish girl. This poem is not included in the final edition of *Cuadernos* (1960).

2. A reference to J.R.'s wife, Zenobia, who had green eyes.

3. The poem "La tierra de Alvargonzález," is a poem in *Campos de Castilla* and is dedicated by Antonio Machado to Juan Ramón Jiméiez.

4. Rafael Alberti writes on these and other mockeries by Juan Ramón in *Imagen primera de . . .* (1945) in the chapter dedicated to J.R. Also in the *Lost Grove* (University of California Press, trans., Gabriel Berns, 1976), 204.

5. *Poesía* (in verse), Madrid, edited and published by Juan Ramón Jiménez and Zenobia Camprubí de Jiménez, their only work together, 1923.

6. "Alrededor de la copa" and "Desvelo" are the two opening poems of *Poesía*. "Toro aún y ya de noche" (still a bull and already night) is the last verse of "Las llamas," a poem by Jorge Guillén.

7. This poem is quoted often by Juan Ramón, as a slogan for his own work, at the head of a book in German or in different translations.

8. This paper, entitled *Poetic Politics*, where J.R. speaks about "the pleasing work," was read by his friend Jacinto Vallelado in the name of the poet, at the inaugural of the Institute of Spanish Books. The Institute published it as a pamphlet in June 1936.

9. *Ángeles de Compostela*, Madrid, 10 August 1940. Ed. Patria. J.R. called it a notebook because it had no more than forty-four pages and eight were with illustrations.

10. Gerardo Diego gives a different version of this whole affair. According to G.D. it was León Felipe who took him to meet Juan Ramón Jiménez in May, 1920: "On another day of this month of May, after I had received my chair at the University, León Felipe called me to go and visit Juan Ramón with him. I did not yet know Juan Ramón. It was the poet of *Eternidades* who wanted to know me. And there we went. We had four hours of

conversation, or rather soliloquy from the famous and relentless poet who tried to convince me how wrong my path was and how stupid, or little short of it, was the poetry of Vicente Huidobro. I managed to hold up my end of the conversation, as best as I could, and León Felipe hardly spoke.": (In León Felipe: *Obra poética escogida* (Madrid, Espasa-Calpe, ed. Gerardo Diego, 1975), 47). Juan Ramón writes also that León Felipe spoke to him of ultraism, a literary fashion that appeared around December 1918.

11. *Poesía Española, 1915–1931* (ed. Gerardo Diego, 1934). Juan Ramón refused to appear in this anthology, while León Felipe appears in it. Vicente Huidobro is also missing.

FRAGMENT 2

1. See the modernist poem "Exótica" in *Rimas* (1902).

2. J.R. writes the same in "Space," Third Fragment [?]

3. James Joyce died on 13 January 1941.

FRAGMENT 3

1. J.R. apparently thought his friend, Rivas Cherif, had been killed in 1941. He had not been. There is a long space in the original blank.

2. This book never appeared. J.R. changed the title to *Vida y Epoca*.

3. Local birds.

4. We read in the civil register of Moguer that J.R. was born on the 23 of December at midnight. See Francisco Garfias, *Juan Ramón Jiménez* (Madrid, Taurus, 1958), 16. By "today" he means the 24th of January, 1941.

5. He refers to his wife, Zenobia.

6. He starts his poem 47 in *Estío* thus: "De un incoloro casi verde, / vehemente e immenso cual mi alma, / me llevaba el ocaso / a todo." (Of a colorless almost green, / vehement and immense like my soul, / the sunset pulled me / into everything.)

7. In a letter to Pablo Bilbao, 2 February 1941 he writes: "Zenobia and I read a lot, now for example an extraordinary book, a collection of letters between extraordinary men and women, from Alexander, Diogenes, Saint Paul, Agrippina, Saint Jerome, to Madame Curie, Emily Dickinson, et al., passing through Keats, Beethoven, Poe, et al. There are magnificent letters from Eloise to Abelard, of Michael Angelo and Leonardo (da Vinci). A fountain of beauty." *Cartas Literarias* (Barcelona: Bruguera, 1977), 84.

FRAGMENT 4

1. Inés and Leontina are the daughters of José Camprubí, the older brother of Zenobia and godfather at her wedding, owner of the daily *La Prensa*,

published in Spanish in New York. See also *Stories of Life and Death* (New York: Paragon, 1986), 33–35.

2. J.R. often used to write for the newspapers, though he always complained that the editors tried to correct his peculiar spelling.

3. These paragraphs seem to contain the key to the whole poem.

4. He refers to this in "Space," Third Fragment.

5. He refers to the robbery that Felix Rox, Carlos Sentís and Carlos Martínez Barbeito perpetrated in his home in 1939. Many of his writings were then stolen and never recovered. J.R.'s mother died on 1 September, 1928 in Moguer.

6. Probably someone from Moguer.

7. He repeats this thought in "Space", First Fragment.

8. Juan Ramón did not provide the quoted passages. He repeats these ideas in some other writings. In a letter to José Revueltas of 12 July 1943 he writes: "Pablo Neruda is symbolically hypopotamic (remember the "Hippopotamus" by T.S. Eliot so much inspired by "The Black Boy" by Blake)." (*Cartas literarias de J.R.J.* Barcelona, Bruguera, 1977, 49.) There are two other commentaries by J.R.J. on T.S. Eliot, see *Crítica paralela*, by Arturo del Villar, Madrid, Nárcea, 1957, 257 ff, and another entitled "Eliot, Social and Political Monster," in *Nueva Estafeta*, no. 37, Madrid, December 1981. Eliot's poem "Hippopotamus," however, is a paraphrase of a poem by Gautier.

FRAGMENT 5

1. Apparently both writers were good friends, at least through their writing, while J.R.J. lived in Moguer. After December 1912, when J.R.J. returned to Madrid the friendship seems to have cooled off. See *Retratos completos* (Madrid, Aguilar, 1961), 267 ff.

2. Gertrud von Le Fort probably.

3. Lou Andreas-Salomé.

4. When in May 1900 J.R.J. returned to Moguer he left the originals of his verses with Villaespesa, putting him in charge of publishing them. *Ninfeas* and *Almas de violeta* appeared consequently in September with dedications to people J.R.J. did not even know. J.R.J. did not become nineteen years old until December 1900.

5. Felix Ros, Carlos Sentís and Carlos Martínez Barbeito broke into the apartment of J.R.J. and Zenobia in 1939. They not only stole the manuscripts of the poet and letters addressed to him by famous writers, but also objet d'art and paintings, among these the portrait of J.R.J. painted by Vázquez Díaz, which was never recovered. Many of the books taken had written dedications by their authors to J.R.J., and were sold to second hand book stores in Madrid.

FRAGMENT 6

1. See *Stories of Life and Death* (New York: Paragon, 1986), 152–153 where the whole theme of the light of the world appears. This text was written in 1941.

2. See *God Desired and Desiring* (New York: Paragon, 1986), 5. If, god, because of you, I have created a world for you, you definitely had to come to it, and you have come to it, definitely to me, because my whole world was my hope.

FRAGMENT 7

1. This was the publishing house Editorial Séneca, S.A. in Mexico under the direction of José Bergamín. In 1940, it published *España, aparta de mi este cáliz*, with a prologue by Juan Larrea; the second revised edition of *La realidad y el deseo;* and the *Obras* of Machado with a prologue by José Bergamín, including a poem by Rubén Darío. It also published Laurel, *Antología de la poesía lírica moderna de lengua española*, where some poems by J.R.J. were included, even after he refused to give his permission.

2. In fact, in 1923, J.R.J. published *El cohete y la estrella* in his collection *Índice*, in its second number. One may find other details concerning what J.R.J. thought of Editorial Séneca and Bergamín in *Selección de cartas* (Barcelona: Picazo, 1973) 155–165.

3. This sounds very much like a poem in *Eternidades* 1918:

   El dormir es como un puente
   que va del hoy al mañana.
   Por debajo, como un sueño,
   pasa el aqua.

   (Sleep is like a bridge
   joining today and tomorrow.
   Underneath flows the water,
   like a dream.)

SPACE

(3 Stanzas)

———— • ————

FIRST FRAGMENT
(Fugue)

———— • ————

SECOND FRAGMENT
(Cantata)

———— • ————

THIRD FRAGMENT
(Fugue)

———— • ————

(Around Florida, 1941–1942, 1954)

(For Gerardo Diego, who was accurate in his criticism of this "First Fragment" of Space when it first appeared some years ago in Mexico, with lyric gratitude for the constant honesty of his reactions.)

FIRST FRAGMENT
(Fugue)

"THE GODS HAVE no other substance than the one I have." I have, like them, the substance of all that has been lived and all that remains to be lived. I am not only present, but a streaming flight from end to end. And what I see, on one side and the other, in this flight (roses, the remains of wings, shadow and light) belongs only to me, my remembrance and my desire, my presentiment, my forgetfulness. Who knows more than I do, who, what man or what god, has been able, will be able to tell me what my life is made of, and my death, and of what my life is not made? If there is one who knows, I know more than he, and if there is one who ignores it, even more than he I ignore it. My life is a fight between this knowing and this ignorance and so is his life and so is life. Winds pass like birds, birds equal to the flowers, flowers, suns and moons, moon-suns like me, like souls, like bodies, bodies like death and resurrection; like gods. I am a god without a sword, carrying nothing of what men produce through their science; I carry only the product of what is alive, what may be totally changed; yes, fire or light, light. Why do we drink or eat anything but fire and light? Since I am born from the sun and from the sun have descended here to the shade, am I made of sun, do I light up like the sun? And my nostalgia, like

55

that of the moon, is to have been one day sun of a sun and now
only its reflection. The rainbow passes by singing as I sing.
Goodbye iris, iris, we will see each other again, for love is one
and alone, and returns each day. What is this love of everything,
how has it become such for me in the sun, with the sun, within
me with myself? The sea is tranquil, the sky at peace, a divine
and earthly light fuses them in clear silver, golden immensity,
in a double and unique reality; an island is floating between the
two, on the two and neither, and a drop of high, gray pearl iris
is trembling upon it. There the message of what never reaches
me from any other place will continue to make me tremble. To
that island, that iris, that song I will go, magical hope, tonight.
What restlessness in plants facing the pure sun while, returning
to myself, I smile on my way back to the abandoned garden! Are
they waiting for more than just greening, flowering, bearing
fruit; are they waiting, as I am, for what is waiting for me; more
than just filling the space they for the moment fill under the
light, more than just living as they now live, as we live, more
than waiting for the light to fade, more than going to sleep and
waking up? There, right in the center, there must be, a point,
an exit; the place of the truest progress, with a name not yet
invented, different from what is different and invented which
we call, in our grief, Eden, Oasis, Paradise, Heaven, but which
it is not, and we know it is not, as children know that it is not
what it is not and it walks side by side with them. To count, to
sing, to cry, perhaps to live; (could Schubert have been lost
among the servants and have forgotten to write his music?) "the
praise of tears" for they have in their broken iris what we do not
have, what we have broken, divided. Flowers surround us with
voluptuousness, scent, color and sensual shapes; we surround
ourselves with them for they are sex with colors, shapes, differ-
ent scents; we send sex with a flower, dedicated present of ideal
gold, to a virgin love, to a tested love; red sex to a famous person;
white sex to a novice nun; violet sex to the dying. And language,
what a confusion! The things we tell one another not knowing
what we are saying! Love, love, love, (Yeats set it to music), "love
[has pitched his mansion] in the place of excrement." Disgust at
our being, our own beginning and our end; disgust at what most
lives in us and most dies in us? What then is the sum without

subtraction; where, heavenly mathematician, is the sum that is the whole and has no end? It is beautiful not to have what we have, nothing of what is an end for us, it is the end, for it turns against us, and the true end never returns to us. That poplar of light used to tell me, in Madrid, against the turquoise air of autumn: "End in yourself, like me." Everything flying around, how fast it flew!, but how noble the tree was in its own green and gold, not being better in the gold than in the green. Wings, songs, light, palms, waves, fruits surround me, gather me within their own rhythm, their own grace, their own delicate strength; and I forget myself within it all, and I dance and sing, laugh and cry for others, inebriated. Is this life? Is there anything else besides this living in change and glory? I am always listening to the music, that sound in the depths of everything, even farther away; this is the music calling to me from the sea, in the streets, in dreams. Against its sharp and calm nakedness, always strange and simple, the nightingale is no more than a slandering prologue. What universal lyrics it dictates later! But the greatest musician makes me forget. Poor man if his woman smelled like, always tasted like a rose! How sweet the normal woman, how tender, how soft (Villón), shape of all shapes, essence, substance of all substances, essences; flame of all flames: woman, mother, sister, lover! Then suddenly, the stubborn wish to go beyond woman, beyond the woman that is our all, where our horizon should come to an end. Poison goblets, how they tempt us! And they are full of flowers, grass and leaves. We are surrounded by poison cradling us like the wind, harps of moon and sun upon tender branches, waving vines, poisonous, and with birds on them, like stars on knives; all is poison and it is this poison that, at times, allows us not to kill. This is sweetness, to forget a command, it is also a pause and an escape. We enter through the long-haired oaks; they are mumbling their cracked old age, dark, broken, hollow, monstrous with their hangings of funereal cobwebs; the wind is rocking their manes in shy, strange waves, and from among them deep under the low shade, one can inhale the rich scent of the citrus blossoms from orange orchards, a burning cry mixed with little, white cries from young girls and boys. A paternal tree appears from time to time next to a house, alone in the desert (dry and full of crows; that hollow trunk, gray,

limp, and on the outskirts of the abundant green a dead crow
hanging by a feather from a splinter, and live crows alighting
in front, not daring to peck at it, very serious). A tree over a
river. How deep the life of these trees; what personalities, what
immanence, what calm, what total plenitude of the heart desir-
ing to give itself (that road breaking in two the pine forest one
longed for)! And at night, the murmuring of an inner spring
within a black sleep! What a friend a tree is, that green, large,
round pine tree, next to the house of my Fuentepiña! Pine tree
of La Corona,[1] where are you? You are farther than if I had
forgotten you. And what song could whisper to me your milen-
nial top that sheltered villages and signaled with its round and
vigilant shape to the sailor! The best music sounds and then
grows silent, appears and disappears, it agrees as if "suddenly"
with our most distracted listening. What this morning was, it is
no longer, and has only happened in me; supreme glory, faithful
scene, that I, its creator believe to belong to others rather than
to myself. Others did not see it; my nostalgia, which I thought
was for being with them, really was for being with myself,
where my nostalgia really is. Glory is as it is, let no one touch
it, there is nothing to add or remove, and the present god is very
far away, distracted too with the many large trivialities people
ask of him. Perhaps, during his moments in the garden, when
he welcomes the free child, the only great thing he has created,
he finds his full affirmation. How beautiful these dry flowers on
the cold grass in the garden that now is ours. A book, book? It
is good to abandon a half-read, large book on some bench, it is
the end of the large; and we must teach a lesson to anyone who
wants to finish it, who thinks we should finish it. Great is the
small, and if we want to be or seem larger we should be joined
in love, not quantity. The sea is no more than drops together,
and love no more than whispers together, and you, cosmos, no
more than little cosmos together. The most beautiful is the last
atom, the indivisible one, and because it is so it is no longer the
smallest. The unity of unities is the one; and what a pleasant
wind those tiny clouds raise at the zenith; how beautiful is that
red light, a unique addition! And so is the supreme life, also
sweet. Sweet as this light is love; how peaceful is this love, too!
Sleep, have I been asleep? Celestial hour, all green; and both

alone. This is the hour when the doors and walls disappear as
water, wind, and the soul exits and passes from everything into
everything and through everything, in a communication of light
and shadow. All is visible through this interior light, all becomes
an interior, and the stars are no more than sparks from ourselves
loving each other, beautiful pearls from our easy and tranquil
touch. How good this light is to our life and our eternity! A tiny
stream is talking in a low voice by the ravine among the tombs,
houses on the green hillside; sleepy valley, drowsy valley. All is
perfect green, in flower; even the dead are dressed in green and
flowers of death; the stones are also dressed in green and flowers
of stone. There one can enter and exit as the long day enters the
prolonged sunset. Stones surround everything and also sky and
river; and the sea feels near, more a reminder of death than even
the earth, the sea full of the dead from the earth, without a home,
separated, devoured by a random dispersion. To remember why
I was born, I return to you, sea. "The sea that was my cradle,
my glory and substance; the eternal and lonely sea that carried
me over to love"; and from love is this sea that now moves
towards my hands, now stronger, like a white sheep drinking
the sweetness of love. That love of Eloise; what tenderness and
simplicity, what perfect reality! All was clear and named by its
name in full chastity. While she remained in the midst of every-
thing, not touched by what is low within the fullness. If your
woman, Peter Abelard, could be like that, then the ideal lives,
we must not deny it. Your ideal existed, why did you deny it,
stupid Peter Abelard? Men, women, men we must find the ideal,
for it exists. Eloise, Eloise, in what does the ideal end? Tell us,
what are you now and where are you? Why did you, vain Peter
Abelard, send her to a convent and go away with plebeian
monks, if she was the center of your life, of her life, of life, and
since it would have been the same with you, when you were
castrated, as before, if she was the ideal? You did not know; I am
the one who saw it, disobedience from the sweetly obedient, full
grace. Lover, mother, sister, child, Eloise; how well you knew
yourself and talked to yourself, how tenderly you named him to
yourself; what a true lily you were! Someone else could have
smelled the flower of the fatal truth that the earth gave you. The
tree of winter was not dry, as people say, and I believed so in

my youth; like me it has the green, gold, scarlet in the root and
interior, deep inside, so much so that it fills a double infinity
with color. I am the trunk of winter, that in death will surrender
the full tree top that can only be seen by those who are truly
desired. I saw a tree stump by the shore of the neutral sea;
uprooted from the soil, it looked like a dead animal; death gave
its stillness the certainty of having been alive; its arteries felled
by the ax were still bleeding. A misery, a rancor for having been
uprooted from the earth was still flowing from its hardened
womb and spreading through the water and the sand all the way
to the infinite blue sky. Death, and above all, crime makes equal
what is alive, the more alive and the less, and the less appears
always with death to be more. No, all was not less, though I once
said "everything is less"; everything was more, and being so, it
dies more to become more, the absolute more. What law of life
judges with its farce a death that has no law and tries to imprison
it in impotence? Yes, everything, everything has been more and
everything will be more! The present is only a prop or a compar-
ison, every time it becomes smaller; and what it picks up and
what it leaves, becomes more and more and greater. No, this dog
barking at the fallen sun does not bark in the Monturrio of
Moguer, nor near Carmona of Seville, nor in Torrijos Street in
Madrid; it barks in Miami, Coral Gables, Florida, and I am
listening to it there, there, not here, not here, there, there. With
what energy the dog always barks at the fleeing sun! And the
arriving shadow fills the round point that under the sun now
sets on the earth, as a downpour covers the fountains, but with
twilight drawing a light around it; and then, all the circles that
reach the round limit of the globe of the world and go on and
on. I always listened to you, dog, in infancy as I do now; you do
not change from place to place, you are always yourself, like me.
Equal night, everything would be equal if we wished it so, if we
let it be so. And if we fall asleep, how abandoned the other
reality remains. We communicate to things the restlessness of
our day, at night our peace. When, how do trees sleep? "When
the wind lets them sleep," said the breeze. And the faithful dog,
gray and quiet breeze, walks ahead of us when we set out in the
morning to wherever it may be, happy or heavy; he does every-
thing, sad or happy, ahead of us. I may caress a dog any way I

wish, any animal, and nobody protests; but not those creatures made in my image; it does not look well to do as one wishes with them, even if they wish it like a dog. Animal life, beautiful life? The marshes full of beautiful free creatures, waiting for me on a tree, a pool or a cloud, with their own color, form, song, gesture, eye, beautiful understanding, disposed towards me who understands them! The child is still capable of understanding me; women would like to understand me, men . . . no, I want nothing of men; man is stupid, unfaithful, not to be trusted, and the more he is a flatterer, the more scientific. How nature makes fun of man, for he does not understand her as she is, and so he demands to get rid of god, while forgetting all that god has created, by himself, for no reason. "For no reason," this is the unique truth, I look at you the way I look at myself and I become accustomed to the whole of your truth the way I am to mine. With you "for no reason" I am myself, and you, yourself, "for no reason." Song? Song, the bird again! You have come back, beautiful he/she, with another name, your blue gray chest heavy with diamonds! From where did you come, on this gray evening with a warm breeze? What direction of light and love do you follow among the clouds of violet gold? You have again returned to your green, shady corner. How can you, so tiny, please tell me, fill everything and appear so large? Yes, yes, one note from a reed, a bird, a child, a poet fills everything even more than thunder. A loud noise makes one shrink, song makes one larger. You and I, bird, are one; sing to me, sing, for I hear you, my ear is fully tuned because of your song. Tune your song more precisely to this ear of mine waiting to be filled with your harmony. You are going to sing! You are going to sing a whole spring again! If you only knew what you mean to me! How can I tell you what you mean to me, what you are, what I am, what you are for me? How do I call you, how do I listen to you, how do I adore you, eternal brother, bird of grace and glory, humble, delicate, alien; angel of our air, prodigal of complete music! Bird, I love you as I love women, a woman, your sister—which I am not. Yes, now drink the water from my fountain, peck the branch, jump over the greenery, enter, exit, search the whole mansion that was yours yesterday; look at me well, my bird, universal consolation of man and woman! An immense night

will arrive with an open invitation when you sing of Paradise
to me, when you make Paradise for me, here, I, you, here on the
lying sleepless insomnia of my being. Bird, love, light, hope; I
never understood you before as I do now; I never saw your god
before as I see him now, the god that perhaps is you and who
understands me. "The gods have no other substance than the
one you have." What a beautiful spring awaits us in love, outside
of hate! Now I am happy! Song, you and your song! The song
. . . I saw the bird and squirrel at play and the cat and hen, the
elephant and the bear, man with man. I saw man playing with
man, when man was singing. No, this dog does not frighten the
birds, he looks at them, he understands them, he listens to them,
he lies on the ground and keeps quiet and dreams in front of
them. How large is the world at peace, what a beautiful blue for
the one who can stop shouting, who can sing; to sing, to under-
stand, to love! Immensity is in you and now I am alive; neither
mountains, nor quite stone, nor water, nor quite sky; immen-
sity, all and only immensity; this is what separates and frees the
sky from the sea, the sky from the earth, opening up and separat-
ing them, and bringing them closer and more united, filling the
totality with the distant plenitude! Space and time and light in
all of me, in everyone, and I and all! I with immensity! This is
different; I never suspected it and now I have it. Paths are only
the ins and outs of light, of shadows, of light and shadow; and
everything lives in them so that I become immense, and you too.
What a gift of a world, what a magical universe, all for everyone,
for me, I! I inside an immense universe outside of you, who are
safe immensity! Images of love within a concrete presence; high-
est grace and glory of the image, are we going to make eternity,
to become eternity, become eternal, become the eternal? You,
women, I, are capable of creating eternity one and a thousand
times, wherever we want to! Everything is ours and there is no
end to it! Love, with you and with the light all can be made, and
what you make, love, never ends!

SECOND FRAGMENT

(Cantata)

"To REMEMBER WHY I have lived," I come to you, Hudson River of my sea. "As sweet as this light was my love . . . And under the [George] Washington Bridge (the incomparable bridge of this New York) the green field of my childhood flows." Childhood, I become a child again, and I now, so grown up, am lost in the immensity. Unexpected legend: "as sweet as light is my love," and now New York is the same as Moguer, as Seville and Madrid. On a corner of Broadway as on a corner of Pneumonia on my own Rascón Street, the wind is more powerful than I; and I keep open the door where I live, with the sun inside. "As sweet as the sun was my love." I find the cohabitant inside, I laugh and climb again to the provisional corner of my solitude and silence, so similar to my own apartment #9 with its sun, the ground floor apartment of my own street and sky. "As sweet as this sun is my love." Familiar windows with Murillo paintings look at me. On the high wire of the blue sky the universal sparrow sings, the sparrow and I sing, talk, and the voice of a woman hears us in the wind of the world. How this corner lights up my fantasy! The sun is burning the south side of my corner, and on the waning moon on the mat my dream is sweetly growing, trying to escape the golden wand. "And under the [George] Washington Bridge, the friendliest bridge of New York, the golden field of my childhood flows . . ." I come right out into the street, the wind opens my clothes, my heart, I see new faces. In the garden of St. John The Divine, the green poplars are from Madrid; I speak with a dog and a cat in Spanish; the choir boys' eternal language, the same as in Paradise and on the moon, sings with the bells of St. John following a straight line, a ray of sunlight, where the sky floats in a violet and golden harmony; ideal rainbow descending and climbing, descending . . . "As sweet as this sun is my love." I follow Amsterdam Avenue where the moon is (via Morningside) and the air is so pure! Not cold, but alive, alive; within it I can feel the life of a nocturnal spring with the sun inside the moon and inside my body; the sun present, the sun that will never again abandon my bones, the sun in my blood and my body. And I return, absent-mindedly singing in the forest of the night to see the river going under the [George] Washington Bridge with the sun always towards my Spain from this East, towards my East in May in Madrid; the sun is already dead, yet alive, a sun present yet absent; a sun in embers of vital reds, a red sun vital in the green; a vital sun in the already black green; a sun in the blackness, now a moon; a sun in the large red moon; a sun of the new glory, new in another East, a sun of beautiful love and work, a sun like love . . . "As sweet as this sun is my love."

THIRD FRAGMENT

(Fugue)

"AND TO REMEMBER WHY I came," I am saying. "And to remember why I was born," I said earlier, already in Florida. "And to remember why I have lived," I return to you, sea, and think of Sitjes in Spain, before the war of the world. My presentiment! But then the sea was in between, sea, more sea, eternal sea, with the sun and moon, having become eternal because of their nakedness, like me, eternal too, because of my nakedness; that sea was always new life to me, my first paradise, my first sea. The sea, the sun, the moon, and she and I, Eve and Adam, at last, and again without clothes, and my naked work and naked death that pulled me so strongly. Life is nakedness, and lonely eternity is nakedness. And yet, they are, they are, they are calling us to lunch, gong, gong, gong, on this ship of this sea, and one needs to put on clothes, in this sea, in the eternity of Adam and Eve, Adam in a smoking jacket, Eve . . . undresses in order to eat, as if she were going to take a bath; this is woman, work and death, this is naked woman, an eternal metamorphosis. How strange, all of this, sea, Miami! No, it was not in Sitjes, Catalonia, Spain, that my third sea appeared to me, it had already happened here; it was not the blue, blue, blue Mediterranean, it was the green, the gray, the black Atlantic of that Atlantida. Sitjes, it was,

where I am living now, Maricel, in this house of Deering,[1] it was
also Sitjes, this Spanish house in Miami, this Villa Vizcaya, the
house of Deering, here, in that [distant] Barcelona. The sea, and,
how foreign all of this is! It was not Spain, it was Florida of
Spain, Coral Gables, and here one finds this Spain abandoned
by the children of Deering (his unacceptable last will) and this
I have accepted; this Spain (Catalonia, Spain) with mauve bou-
gainvillea garlands hanging from the gratings. Deering, my liv-
ing destiny. Deering is already dead and transformed. Deering,
destined Deering, you were my own clairvoyance of yourself,
you (and who would have thought it possible, when I, with
Miguel Utrillo and Santiago Rusiñol, were enjoying the white,
sunny halls, by the church on that cape where the "Cau Ferrat"
of the bohemian nightingale with high, unwashed beard, stayed
so poor). Deering, Destiny alone is immortal, and for this reason
I make you immortal, because of my Destiny. Yes, my Destiny
is immortal and so am I, writing it down here, immortal like my
Destiny. Deering, Destiny is I and nothing nor anyone other
than I; this is why I believe in It, and do not oppose anything
that belongs to It, that belongs to me, for He is more than the
customary gods, ruled as I am by Destiny, that other god, a
distributor of substance with essences. In the beginning was
Destiny, father of Action and grandfather or great-grandfather
or something even more distant, of the Word. I raise anchor,
therefore, and hoist my sails so that He may blow more easily
with his wind through the serene or turbulent seas, the atlantics,
the mediterraneans, the pacifics, those he may wish to blow,
greens, whites, blues, mauves, yellows, of one or all colors. Thus
Shelley conceived it on that distant January, and it was not gold,
opium, wine, the brave wave, or the name of the girl that carried
him over the wall beyond the sea: Rice of Buddha; Barabbas of
Christ; mare of Saint Paul; Longinus of Zenobia of Palmyra;
Carlyle of Keats; Grape of Anacreon; George Sand of Ephebus;
Goethe of Schiller (as the book of the Swiss woman says); Omni-
bus of Curie; Charles Morice of Gaughin; the infamous carica-
ture *(Heraldo de Madrid)* of Federico García Lorca; the furs of the
Duke of T'Serclaes and Tilly (the good man from Seville), which
León Felipe wore later at the Mexican Embassy, for sure; the
Government of Negrín, abandoning the detained and sick An-

tonio Machado with his octogenarian mother and ten pesetas in
his pockets, in search of the cold of the Pyrennees as he fled with
his court after the gold that had been hidden in Banlieu, Russia,
Mexico, in the nothingness . . . Any form is the form with which
Destiny shapes life and death, shapes that give and take, take and
give; and it is futile to escape Destiny or search for it. Was this
not the case with the speeding car that grazed my temple on the
road to Miami, an iron pile of horrible cheapness, like a solid
hurricane; or the airplane propeller that sucked in my whole
being and left me blind, deaf, dumb at Barajas Airport, Madrid,
on that morning without Paquita Pechere; or Doctor Amory
and his injection in Coral Gables, Alhambra Circle, and the
collapse that followed and then the hospital; or the dirty paper,
with blue lines, and the accusation in pencil against me, while
Madrid was at war, served by the mailbox, whitish anarchist,
who wanted to pass judgement on me, crucifix in hand and all,
in front of the library table that once belonged to Nocedal (Don
Cándido), but who died the same afternoon by a bullet that was
not meant for him (or for me), and the poor woman who, fell
with him, whiter than my teeth, which saved me because of
their whiteness; whiter than him, and cleaner, the dirty baker,
on the sidewalk of the street of Lista, corner of Velázquez street.
No, it was not; that Destiny was not yet my Destiny of death.
But suddenly, what happy, bad, indifferent, absurd immanence?
The latter has already passed, and here, this one is, it is the one
here, it is this, here is this and hence we find ourselves already
in a castaway nightmare or a sweet, clear, intoxicating dream.
The guardian angel is impotent against the exact vigil, the exact
execution and decision, the exact operating of my Destiny. For
Destiny is natural, and the angel artificial, and so is the she-
angel. This restlessness that so faithfully rules me, and which is
not from the heart, nor from the lungs, where does it come
from? It is a vegetative rhythm (Achúcarro said it first and then
Marañón), my third rhythm, closer, Goethe, Claudel, to the
rhythm of poetry than yours. The long verses, yours, short,
yours, with someone else's pulse and your own lungs. How this
rhythm flows, this rhythm, my river, blood pheasants in flight
burning my eyes, flying oranges from two joined breasts, and
how blue, green, golden and fused into reds, and how it moves

to infinite measures! This rhythm leaves behind sounds of air and foam in the ears, and the taste of wings and clouds in the burning palate, and the smell of stone with dew, and the touch of waves. Within me now there is one that is speaking, speaking, speaking now. I cannot silence it, it cannot silence itself. I wish to be at peace with this afternoon, this afternoon of mad creation (it does not allow me to silence it, I do not let it be silent). I wish for silence in my silence, and I am not about to silence it, nor does it know how to silence itself. Be silent, my second self, for you speak as I do and you do not speak as I do; be silent, I curse you! It is like that wind with the wave; the wind that sinks with the immense wave; the wave that climbs immensely with the wind; and what pain of smells and sounds, what pain of color, pain of touch, of taste of space and the abyss! Space of the abyss! Foam flies, a clash of wave and wind, into a thousand green-whites of spring and they become the wreaths of my own inner space. Waves fly and winds pass, and the colors of wave and wind sing together, and smells shine united and all sounds fuse, a fusion and a melting of glory seen in the play of the wind with the sea. And this was the one that was speaking, what giddiness, this was the one now speaking, and it was the dog that used to bark in Moguer, in the first stanza. As in dreams I was dreaming something that was something else. But if I am not here with my five senses, then neither the sea nor the wind is wind or sea; the wind and the sea are not enjoying themselves if I do not see them do so, if I do not tell them so and write down that they are doing so. Reality is nothing without the Destiny of a consciousness that makes reality. Memory is dreams, but not will nor intelligence. Is it true, great city of this world? Say so, is it not true, city of the possible unity where I live? Is not the possible unity true, though we dislike the disunited by Color, or Destiny, or Color that is Destiny? Yes, in the southern cities these clearings of red-dry fields still linger as in me, complete man, the signs of the savage still remain in my face, hands, and dress; and the forgotten civilization of the savage city is still sleeping in them, forgetting rules, prohibitions and laws. There lies the discarded paper, useless critique, barren narrative, absurd poetry; there the moved bowels lie next to the flower, and if loneliness is the hour by itself, there lies the full union of flesh with flesh, on the sidewalk, in the garden filled with other people. Black color prefers it this way too, and thus it becomes equal to white as the sun shines on its blackness, and white becomes black with the sun on its whiteness, a more convenient reflection, like a halo around the soul that is gold in the vein as in a mine. There natural treasures are worth more, water as much as the soul; the pulse as much as the bird, as much as the song of the bird; the leaf as much as the tongue. And speech is the same as the murmur of the trees, a conversation that is perfectly comprehensible to white and black, and in the congregation of time on space a larger unity than that of the chosen leaders is formed again. There one may choose well from among the same, the same. The strange furniture, the high, overbearing armchair, waddling, uncomfortable seat; the carpet with its wig-like dust of centuries; the book shelf in columns forty stories high, the books lined in order of diminishing size, painted or made uniform by machine, smelling of cats; and the dry lamps with camels or rudders; egg-shaped knobs on the doors; opaque mirrors bending within a quadruple frame, sticky varnish, mossy iron; the drawers stained with syrup (Baudelaire, beautiful silent one, Poe). We are all actors here, and only actors, and the city is the theater, and so is the countryside and the horizon, the world! And Othello with Desdemona will become eternity. This is the still today, and the not yet tomorrow, passing from house to house, in the theater of the centuries, through the whole length of humanity. But you will stay in between, you, today's woman, black or white, American, Asian, European, African, from the southern seas; democrat, republican, communist, socialist, monarchist; Jewish, blond, brunette, innocent or sophisticated; good or bad, colors. There, joy, delight, laughter, the smile, the cry and the sniffle are as equal from inside as from outside; and the youngest blackness, this Ophelia who, like the wild, dark violet, is delicate in herself without schooling or concerts, without museum or church, becomes one with the sun ray that the sun throws on her bed to make her smile a rainbow that envelops a heart with colors equal to her black, satined breasts, a heart that belongs to her even if the white man does not believe it. There, life is closer to death, a life that is death in movement, for it is the eternity of what has been created, the

no more, the all, the no more and the all mixed together; the all
on the scale of love in beautiful eyes that drown in their own
waters, eyes on eyes, gray or black like the color of the tuberose
or the rose; there lives the song of the free blackbird or the jailed
canary, the colors of the rain on the sun, a crown on the after-
noon, the sun raining. And the more miserable, the saddest
come to take consolation from the easy ones searching for the
remains of their house of God among the open greenery, a ruin
that persists within the forbidding stone even more than the
stone itself; indifferently lost; slow or fast; direct or dreamy;
civilized, civilized and all full of hands, of faces, of natural fields,
samples of one lone and free nature, unifying air, water, tree,
and offering you the same love, the only poetry. We have all
gathered together in the pleasant, white, old house; and now all
(and you woman left alone by all) are separated. Our homes
know well who we are; our bodies, eyes, hands, waists, heads all
are in place; our suits are all in place, in a place we have arranged
beforehand so that it may wait for us always being the same. Life
is this coming together and separating, all at once, eyes, hands,
mouths, arms, legs, go in search of what attracts or repels. If we
all came together in everything (even in color, such a light
surface) this clearing of our countryside, our body, these hands
and faces, the whole world would look beautiful one day to all
of us: one single palm, one single fountain, all united and firmly
held in an embrace like space and time, one human star, the star
of the embrace around an orbit of peace and harmony. . . . Yes,
someone says, as happened to me when I came out of the mu-
seum, having touched the second David of Michelangelo. It is
already autumn. Going out! What beauty in reality! Life coming
out of a museum! . . . The dry leaf does not shine gold, it sings
gold and sings red, copper and yellow; it is a high and deaf song,
high with the rapture of a deeper sensuality. Autumn woman;
tree, man! How you shout the joy of living to the blue rising
with the first cold! They want to rise higher, to the last of the
blue that is cleaner, an incomparable naked blue. Full and deep
autumn nakedness, where soul and flesh are better seen as being
only one. Spring covers up thinking, winter unmakes possess-
ing, summer piles up resting; autumn, you, alert, lift us up
rested, remade, uncovered with the sound of your invading

voice calling us to move on. To the South, to the South! All, in a hurry. The change and then the return; the leaving, and then the arriving in those three days I will never forget, that will never forget me. The South, the South, those nights, the clouds of those nights with a near conjunction of planets; what a beautiful return to our own white house of Alhambra Circle at Coral Gables, Miami, Florida! The white talkative herons during nights of great joys. On nights of great joys I have heard the stars speak around here, in their palpitating congregations on the marshes of the immense blue, like the white herons of Moguer in their palpitating congregations on the marshes of the immense green. Were they not mirrors reflecting alive, as I passed under them, white mirrors of live wings, echoes of the herons of Moguer? They talked, I heard them, as we do now. This happened in the marshes of this flat Florida, the earth of space with the hour of time. What loneliness, now, under this midday sun! A fox killed by a car; a tortoise slowly crossing the dunes; a snake slithering in waves from marsh to marsh. Hardly any people; only some Indians making a circle of pretense, all painted for the tourists. And the silent, covered, combed women in the corrals of the deep marshes! I feel sleepy; no, was it perhaps a dream about those distant Indians fleeing the house of their cruel exploiters? It was too much to be a dream, and I wish never to dream it again . . . With folded claws as in a joint alert, a mauve and husky army [of crabs] gathered on both sides of the flat road that reflected its gray colors on the faithful sea. The Cancers were daring, croaking erect, (as in a sour rosary of links) at the sun of the radiant solitude of an absent god. As I arrived, the noisy claws were raised; [there were] a thousand small beings bending sideways on their sharp legs. Then, silence; the end, silence, an end: a god coming closer. A Cancer, only one crab now, stayed alone in the gray center of the dune, more erect than the others, the sawing claws of the widest mouth of his armor, more open than the others; his eyes, stiff periscopes, nailed me with their vibrant enmity. I lowered myself slowly and taking the pencil for writing poetry and criticism out of my pocket, enticed him to fight. David would not leave, this David against the literary philistine would not leave. The pencil ended up yellow in his claws and I lifted him, caught on it, and twisted him around the horizon at greater speed, greater, greater, a larger orbit, and he hung on there. His strength seemed so small to me, so much smaller, poor hero! Was I evil? I smashed him with an unjust foot in its shoe, only to find out what he was. He was a vain shell, a name only, crab; not a speck, not even a speck of gut; a hole the same as any other hole, a hole within a hole. The hero on the ground and under the sky was a hole, a hole, smashed by me, which the air did not fill, by me, by me; only a hole, an emptiness, the heroic secret of a cold, empty Cancer, a hollow crab, a poor empty David. And a silence even greater than the earlier silence suddenly filled the world with poison, the poison of emptiness; a beginning, not an end. It seemed as if the hole I revealed and made evident for all to see had become silent or silence had become a hole. I suffered thinking the Cancer was I, and that I was a giant who was not an I alone, and that I had smashed and stepped on myself. How immensely empty I felt, what a monster of erect emptiness under that hardhearted midday sun on the deserted beach! Deserted? Some one greater than I, the new I, was coming, and I was arriving simultaneously at the sun with my immense emptiness; the sun started melting my emptiness, and my infinite shadow entered the sea and I drowned in an immense fight, for the sea had to fill my whole emptiness. It was a revolution of the whole, of the infinite, of an instant chaos of flesh and shells, sand and wave, cloud and cold and sun, all made total and unique, all Cain and Abel, David and Goliath, Cancer and I, all crab and I. And within the space of that immense and silent hole, God and I became two. Consciousness . . . Consciousness, I, the third one, the fallen one, I say to you (do you hear me consciousness?). When you become free of this body, when you become the other (what is the other?), will you remember me with deep love; the deep love that I believe you and my body have so fully, with the double conviction that made us live together so faithfully like the love of a double star born out of two to become one? And could we not forever become what a star is, though born of two? Do not forget that above anything else, or anybody else, we have fulfilled our mutual love like good people. It is difficult for a body to love its own soul the way we do, as my body loves you, consciousness of my soul; for you are for him ideal sum, and he becomes for you, with you, what he has become. Need I ask you what it is? This I know well; I am in everything. Well, if you intend to leave, let me know clearly and do not disappear while my body goes to sleep, asleep thinking you are with him. He would like to kiss you with a kiss that would be all of him, he would like to melt all his strength in that kiss, so that the kiss would stay forever as something, like an embrace, for example, of one body and his conscience in the deepest depths of the eternally deep. My body is not jealous of you, consciousness; but he would like you, when you leave, to be all that he is, and to give him, when you give yourself to others, all that he has been, the loving he has given you that is so unique, so alone, or as large as the unique and the alone. But tell me: Are you not sad leaving me? And why must you leave me, consciousness? Did you not like my life? I searched for your essence. What substance can the gods give to your essence that I would not be able to give you? I already told you in the beginning: "The gods have no more substance than I have." And must you leave me, you, to become part of a god, a different god from the one we are while you are in me, as if from god?

(Florida, 1941–1942, 1954)

NOTES

FIRST FRAGMENT

1. Pine, The Tree of La Corona: See Juan Ramón Jiménez, *Platero and I* (New York: Paragon House, 1986), 46.

THIRD FRAGMENT

1. Deering was an American millionaire who bought the house next to Rusiñol's, Cau Ferrat, in Sitjes. He furnished it with Spanish antiques, and immediately afterwards, he bought the house opposite, built an overhead bridge connecting the two, and furnished this second house with more antiques. He grew tired of the place (around 1920) and moved all the antiques to the Villa Vizcaya, a mansion he built in 1914–16 in Miami, which is now the Dade County Art Museum.

PRÓLOGO

SIEMPRE HE CREÍDO que un poema no es largo ni corto, que la obra entera de un poeta, como su vida, es un poema. Todo es cuestión de abrir o cerrar.

El poema largo con asunto, lo épico, vasta mezcla de intriga jeneral de sustancia y técnica, no me ha atraído nunca; no tolero los poemas largos, sobre todo los modernos, como tales, aun cuando, por sus fragmentos mejores, sean considerados universalmente los más hermosos de la literatura.

Creo que un poeta no debe carpintear para "componer" más estenso su poema, sino salvar, librar las mejores estrofas y quemar el resto o dejar éste como literatura adjunta. Pero toda mi vida he acariciado la idea de un poema seguido (¿cuántos milímetros, metros, kilómetros?) sin asunto concreto, sostenido sólo por la sorpresa, el ritmo, el hallazgo, la luz, la ilusión sucesiva, es decir, por sus elementos intrínsecos, por su esencia. Un poema escrito que sea a lo demás versificado, como es, por ejemplo, la música de Mozart o Prokofieff, a la demás música; sucesión de hermosura más o menos inesplicable y deleitosa. Que fuera la sucesiva espresión escrita que despertará en nosotros la contemplación de la permanente mirada inefable de la creación; la vida, el sueño o el amor.

Si yo dijera que "había intentado" tal poema en esta "estrofa" de la que sigue un fragmento, estaría mintiendo. Yo no he "intentado" ni quiero intentar como "empresa" cosa parecida. Lo que esta escritura sea ha venido libre a mi conciencia poética y a mi espresión relativa, a su debido tiempo, como una respuesta formada de la misma esencia de mi pregunta o, más bien, del ansia mía de buena parte de mi vida, por esta creación singular.

Sin duda era en mis tiempos finales cuando debía llegar a mí esta respuesta, este eco del ámbito del hombre.

PROLOGUII

LA Florida, toda espacio, buena de vol
poema en verso "Estrofa", me ha dado, ti
de andar, "Párrafo", un memorial largo
    Dos profundades, otra vertical al ce
ésta, horizontal, a los cuatro sinfines.

1
TIEMPO

(Un párrafo)

———•———

. . .Lo vivo y lo muerto son una cosa misma en nosotros, lo despierto y lo dormido, lo joven y lo viejo: lo uno, movido de su lugar, es lo otro, y lo otro, a su lugar devuelto, es lo uno. . .

Heráclito
Trad. de[1]

FRAGMENTO 1

Mis sueños de la noche, lijerezas, profundidades o solamente pesadillas, suelen ser como mi ideal cine interior abstracto: planos, colores, luces, posiciones de tiempo y espacio que, a mi despertar [,] no me parecían sucesos, hechos, asuntos, pero que lo fueron plenamente en el sueño, tanto o más que las ocurrencias de la vijilia. Sucesos sin sucesión, cada uno de los cuales tiene categoría completa, vida y muerte de universo. Luego, la traducción de esos estados de vida libre superior o inferior en la que sólo cuenta el entendimiento y la memoria sobre el letargo de la voluntad, suele ser lo más corriente y moliente de lo cotidiano. A veces, muy pocas, me quedan unas sílabas en la boca o unos datos en la memoria que me llevan un momento a una posible reconstrucción del jeroglífico nocturno [,] como en mi poema "Morita Hurí" por ejemplo[2]. Pero eso también se va. Desde muy joven pensé en el luego llamado "monólogo interior", (nombre perfecto como el otro "realismo májico") aunque sin ese nombre todavía; y en toda mi obra hay muestras constantes de ello. (El *Diario de un poeta* está lleno de esos estados.) Mi diferencia con los "monologuistas interiores" que culminaron en Dujardin, James Joyce, Perse, Eliot, Pound, etc., está en que para mí el monólogo interior es sucesivo, sí, pero lúcido

y coherente. Lo único que le falta es argumento. Es como sería
un poema de poemas sin enlace lójico. Mi monólogo es la ocur-
rencia permanente desechada por falta de tiempo y lugar du-
rante todo el día, una conciencia vijilante y separadora al marjen
de la voluntad de elección. Es una verdadera fuga, una rapsodia
constante, como los escapes hacia arriba de fuegos de colores, de
enjambres de luces, de glóbulos de sangre con música bajo los
párpados del niño en el entresueño. Mi monólogo estuvo siem-
pre hecho de universos desgranados, una nebulosa distinguida
ya; con una ideolojía caótica sensitiva, universos, universos, uni-
versos. No conozco universo como aquel poema de universos.
Abrazados los dos en olvidada y presente desnudez plena, como
un orbe aislado, con la fuerza elemental de toda la creación, tus
ojos verdes[3], único ver mío, me han dado eternidad completa
hecha amor. ¿Cómo podré ya querer otra cosa? Conciertos, li-
bros, paseos, civilización, universalidad pero nada convencional,
todo superior absoluto. Vamos a ser flor de colores y frescuras
en el borde del agua no encontrada, árbol doble solo en su lugar,
vivo de veras entre los elementos y las estaciones. Vamos a vivir
el día único de la gracia, en la muerte, vamos así a completarnos
en esta música plástica e ideal del amor sin reparo. Música.
Toscanini es para mí un hombre mayor de los mayores que he
oído y visto. Entra ahora en el escenario donde su orquesta le
espera, lento, fino; vacila al subir al atril, pero cuando se pone
la batuta, la varita de virtud, entre sus dos manos eléctricas y
espera lleno de sí y da de pronto, como con una pluma de ave
que fuese una flecha del paraíso [,] la señal al primer in-
strumento, es ya un dios sin 74 años de edad, con un millón de
millones de años, años ya sin tiempo ni espacio, una vida verdad-
era ya después del prólogo de la otra. Y una, dos, tres horas
seguidas de embriaguez absoluta, sin perder la cabeza ni las
manos un instante. Ruiseñor con las manos. Qué estúpidamente
habló, cómo perdió la cabeza aquella noche de junio en su gran
salón de Madrid la Sra. de K[ocherthaler]. Eran las dos de la
madrugada y un ruiseñor cantaba, como un dios menudo de
cuerpo y total de sonido, en el jardín de la Embajada de Ale-
mania. R[icardo] B[aeza] y M[aría] M[artos], ya casados, discu-
tían desagradablemente sobre aquella música interna y eterna:
que si era mirlo, que si era ruiseñor. Y mientras, no se oía el

ruiseñor. Por cierto que yo insistí bastante en que la casa "Call-eja" aceptara la traducción que ellos nos enviaron de *La casa de las granadas* de Wilde, con *La rosa y el ruiseñor* dentro. No, no me porté bien del todo, como ellos merecían, en aquella ocasión, no insistí bastante. Pero qué mujer tan pedante, artificial, esterna, era la señora de K[ocherthaler,] y K[ocherthaler] qué buen hombre, con su Brahms, su campo y su calma encendida. Ella parecía que no fuera de ninguna raza, o de una raza muy poco humana. Fría, fría, escurridiza, con mirada de pescado. Cuidado con decir jactándose de ello que sus jemelos no eran de K[ocherthaler] sino de O[rtega]. Jemelos filosóficos, ella lo prefería, los pobres. ¿Y qué culpa tenía K[ocherthaler] ni los niños de su tontería? Cuando yo fui la primera vez a su casa, calle de Almagro, me habló al borde de aquella mesa que parecía una pista, de *Platero*, que acababa de salir, 1913[4]. Yo tenía entonces la ridícula vanidad del joven que cree que ha llegado a su todo. ¡Y lo que luego he visto que me faltaba! El *Romancero gitano* de Lorca tampoco era su mejor obra cuando él lo creía. El romance de Lorca tiene de lo popular lo plástico y lo pintoresco, el de Antonio Machado "La tierra de Alvar González"[5] lo épico y corriente, el mío, lo lírico, lo musical y lo secreto. Esto es bien claro. Claro es también que los señoritos, Antonio Machado, Federico García y yo no podremos nunca cantar como el pueblo. Podremos tener el eco de una simpatía y una comprensión, pero nunca la sustancia, la esencia, la vida y la muerte del pueblo. Cuando yo tenía 15 años, me enamoraba de las muchachas del pueblo en Moguer: María la minera, la de San Juan del Puerto, me decía llorando con su hábito de San Antonio: "Los señoritos sólo quieren burlarse de los pobres, de las pobres." Pero no era verdad en mí y ella tampoco lo comprendía. ¡Qué bonita era con su color de arena y su hábito limpio! Y cómo le gustaba verme pintar. Figal, mi primer maestro de pintura en el Colejio de los Jesuitas del Puerto de Santa María, no, el rejente de la imprenta de Severiano Aguirre[6], aquel buen trabajador, había pintado un toro de las cuevas de Altamira, largo y bajo como un "perro de tejado", en un cuadro apaisado que era, puesto de pie, un paquete de manuscritos míos. A mí me gustan los cuadros y los paquetes verticales, y yo lo había tenido colgado siempre cerca de mí. Y de pronto ¡qué mamarracho! Pero ¿es posible que yo no me hubiera dado cuenta nunca de que aquello era un pastel estúpido pintado con falsía, indolencia y necedad? Y así con tantas cosas con las que vivimos años y años, y viviríamos siglos, sin decidirnos a creer que no eran dignas de nuestra crítica o nuestro gusto. Y lo mismo con las personas. ¿Cuántas veces toleramos años seguidos personas que no quisiéramos tolerar? No nos atrevemos a descolgarlas, más, no se nos ocurre siquiera. Y somos injustos en eso y en lo otro con los demás. Yo he tenido en casa cosas que hubiese censurado en otras. Yo he satirizado a cuenta de J[osé] O[rtega] y G[asset] porque tenía en su casa una Venus de Milo de escayola en la sala; a A[zorín] porque tenía en el suelo de su despacho de recibir un cisne de porcelana que se destapaba, con un lazo rosa en el cuello [,] y en un rincón, sobre pie [,] un busto de negro polícromo fumando una pipa; a R[icardo] L[eón] porque tenía una panoplia con sables y leones, etc[7]. Pero aquel toro. Yo había evocado al toro andaluz en *Platero*, en *Poesía en verso*[8] y en otros libros. Luego vi muchos toros sueltos y atados en los libros de los más jóvenes y de los jóvenes, entre ellos R[afael] A[lberti] y J[orge] G[uillén]. Por cierto que un crítico historiador de la literatura española, A[ngel] V[albuena] P[rat], dijo, escribió que mis poemas "Alrededor de la copa" y "Desvelo" ("Se va la noche, negro toro") eran "lo más a que se podía llegar aun mirando al mundo de J[orge] G[uillén]." (¿"Toro aún y ya noche"?) J[orge] G[uillén] dijo esto en su poema "Las llamas", allá por el año 28[9]. Yo dije lo mío y el mío (y el poema está publicado en la revista *España* por en[er]o 19). Y para mayor exactitud, el historiador concienzudo pone una notita al pie de sus pájinas sobre o contra mí, con las fechas de mis libros *Poesía y Belleza* y la de *Cántico* de J[orge] G[uillén], segunda edición. Le recomiendo al historiador que vea la primera, ya de 1928. Los críticos de su historia son terribles. Ahora me acuerdo de aquellos artículos que P[edro] S[alinas] publicaba anónimamente en la *¿Revista de Literatura?* del Centro de Estudios Históricos de Madrid. Cuando le convenía alteraba, la responsabilidad era del Centro, testos o resolvía fechas con un "poco más o menos". Éstos son los mismos filólogos que pierden los ojos para encontrar la fecha en que murió la novia de Cervantes en el siglo 17; pues ¿cuánto mejor no sería que pusiesen lo exacto de lo contemporáneo? La conciencia anda en algunos críticos tan confusa como la memoria. Y, apropósito: qué memoria la de mi gran Toscanini. "No ha de estar la cabeza dentro de la partitura sino la partitura dentro de la cabeza." En cambio el joven toro Barbirolli, de la jeneración de los críticos antes citados, alborota sus pelos contra la partitura como zorros de la limpieza y le limpia con ellos las notas que caen sobre el público como lluvia de balas. Es inconcebible que estando en América Bruno Walter no dirija definitivamente la Sinfónica Filarmónica de New York. Toscanini, Koussevitski, Stok, Mitropoulos, Ormandy, Sto[kows]ki... Bruno Walter es la precisión sobria y noble con la necesaria entrega; no es el volcán de Toscanini con la nieve arriba sino una mezcla entera de nieve y fuego; quema como el yelo y da escalofrío como el fuego. Stokowski todo es llama esterna, Koussevitski un maestro de la dicción: dignidad y hermosura; Mitropoulos es el santo soberbio; hace sonar los instrumentos con timbres escepcionales, pero su educación profesional le hace componer esos programas colosales (Brahms, Mahler, Bruckner, Ricardo Strauss en un solo concierto) [,] montañas de técnica ilustre y, a veces, májica, que él levanta y ordena en perspectivas maravillosas, sobrecojedoras y abrumantes. Las montañas son por otra parte gran cosa para el artista. Sin duda Mitropoulos doma su vida ejemplar con esta música montañosa que no le cupo en el abandonado monasterio. ¡Montañas de Guadarrama, mi salvación del Madrid de tanta pequeñez! Cuando tenía algún disgusto que yo creía grande, nos íbamos frente a la sierra. Todo lo pequeño desaparecía y sólo me quedaba la paz de lo grande, volvía a mi casa agrandado de montaña. El hombre de la ciudad lo estropea todo, qué distinto es el de la naturaleza. Yo tolero poco en persona al hombre ciudadano, me basta su obra. En cambio me gusta en presencia y figura la mujer, los niños, los animales de cualquier parte. Pero me gusta el hombre del campo y nunca pierdo ocasión de hablar con él. Me gustaría tener siempre un alrededor de vida humana y animal conjunta, niños, viejos, mujeres, hombres, animales. Tengo el amor y la mujer, frecuento la naturaleza, sigo el arte jeneral, leo de todo, trabajo todo el día y la noche en lo mío. ¿Qué me falta, hacer más? ¿Más qué? "Sin tregua ni pausa, como el astro", dice Goethe[10], pero Miguel Ángel también se cansaba. ¿Qué es eso que me falta? "Eso que estás esperando día y noche y nunca viene, eso que siempre te falta mientras vives es la muerte." ¿Necesitamos más la muerte en la vida? ¿La muerte compañera del romance de Augusto Ferrán, que era voz inseparable de mi primera juventud y que llegó a ponerme la muerte en mí como mi necesidad poética absoluta? Sin duda no es relijión lo que nos falta, no es lo que me falta la relijión de mi niñez, como algunos me han dicho, pues que siento el dios inmanente y eterno en todo. Cuando me entrego al trabajo pleno parece que no me falta tanto en la vida. Leímos anoche un poema de D. H. Lawrence que me gustó mucho, más que como poema como representación vital y estética:

(Cita de Lawrence)

¡Qué bien está esto! ¿No es lo de mi "trabajo gustoso"? Por cierto que cuando se leyó en Madrid esta conferencia libre los comunistas empezaron a decir que yo era fascista y aquel indigno semanario del gran farsante L[uis] A[raquistáin], ¡Claridad!, aquel papelucho tan oscuro, me insultó, al alimón con Pepito B[ergamín], en los términos más soeces ("babosa, gusano", etc.), toda la fraseolojía tabernaria y jitana bergaminesca. Yo estaba enfermo entonces, junio 1936, con una conjuntivitis y una intoxicación farmacopeica ¡doctores! que me imposibilitaban leer mi conferencia. La leyó   , un amigo de Navarro Tomás[11], y las mentecateces que se dijeron y escribieron sobre un hecho tan natural y corriente. Llegada la guerra, semanas después, aquel ataque seguido tomó carácter de incitación al asesinato. Me acuerdo ahora de aquellos jóvenes escritores que venían a nuestra casa con corsé, calcetines de seda y bordados, pulseritas, polvos y una hoz y un martillo de oro en la corbata. "Luego" algunos de ellos han convertido la hoz y el martillo en unas flechas y el puño hipertrofiado en mano abierta hipertrofiada, de tanto exhibir. Aquella mano hipertrofiada de Ramón Gómez de la Serna en la película del orador político. ¡Cómo se reía P[edro] S[alinas], el equilibrista, de aquella mano jigante! Hoy he recibido, vía Portugal, un folleto Los Ángeles de Compostela de G[erardo] D[iego], con una cariñosa dedicatoria[12]. Muy significativo que un escritor que siempre fue "derechista" me envíe a mí que siempre fui "izquierdista" (qué palabras, cuál será la

derecha y cuál la izquierda, qué lo derecho y qué lo izquierdo);
y qué guirigay de derechas combinadas tienen armado ya los
escritores en España. Ahora pretenden rescatar a los muertos
que mataron de un modo o de otro. Para ellos, Unamuno es de
ellos, Antonio Machado, de ellos [,] y hasta Lorca de ellos. Como
que no pueden hablar. Cualquier día los "comunistas" de Méjico
se hacen de ellos, de la falanje, no por estar muertos sino por ser
vivos, demasiado vivos. Y a L[eón] F[elipe], el aullante hebreo,
lo veremos en la "Tierra de Promisión". Qué caso éste y qué
pobre este León Felipe. Gerardo Diego me lo trajo a casa (1917,
creo) y casi lo tenía olvidado[13]. Entonces era torpe, basto, man-
surrón, rasurado con cierto aire de sacristía y un desagradable
discurso tartamudeante sacado de no sé qué confusiones de vul-
garización poética y científica jeneral. Vicente Huidobro, con
quien por cierto siempre me he portado tan mal sin que pueda
esplicarme yo mismo por qué, aparte de lo literario, me había
enviado aquel día su *Horizon carré* y L[eón] F[elipe] dijo tales
modestas vaciedades contra Huidobro y sus secuaces, Gerardo
Diego entonces lo era, que yo, que empecé por tomar el libro a
broma, especialmente por su forma tipográfica amanerada e inú-
til, acabé por defenderlo, porque tenía bastante con qué defen-
derlo contra tal incompetencia. Creo que venía entonces de
Guinea donde había ejercido, y esto le honraba como hombre y
como escritor, de boticario. Entonces se llamaba, si no recuerdo
mal, Felipe Camino de la Rosa, y qué sé yo qué enredos traía con
su nombre. Luego se quitó la Rosa, luego el Camino, luego se
puso el León. Ya iba entonces la rosa camino del león, del león
"Felipe". Hablaba ya casi como un león casero. Yo quería que
me hablase de Guinea y no de ultraísmo, de botánica y no de
literatura, pero él quería hablar de letras y ultraísmo, no de
botánica ni de Guinea. No volví a ver a Felipe Camino, digá-
moslo así, ni a saber de él en mucho tiempo. Años después, oí
que estaba en Panamá, más adelante vi por Madrid un libro
suyo, una antolojía poética de León Felipe ya, con una fotografía
suya de perfil que me sobrecojió por su barba y su bigote; y cosa
rara en un libro de versos; yo que creo, como Mallarmé, que en
todo libro de versos hay siempre poesía, no encontré una sola
línea poética. Aquello me pareció una mescolanza suelta de
periodismo, traducción y hebraísmo, ambición confusa de algo

que no se concretaba. Me horrorizaba aquello de la túnica de
Cristo y la de Dionisos. Años más tarde, cuando Gerardo Diego
vino a consultarme sobre la segunda edición de su *Poesía contem-
poránea española*, yo le dije que, apesar de todo, debiera incluir a
León Felipe, pues que iba Bacarisse, y a Huidobro, pues que
iban sus discípulos españoles[14]. En 1938, estando yo en Cuba, me
dijeron que León Felipe estaba también. Lo estraordinario es
que un día vi entrar en el Hotel Vedado, donde nosotros viví-
amos, a un hombre casi conocido que no supe personificar. Él
debió personificarme a mí porque yo tenía el aspecto de siempre.
Una señorita: "Me recuerda usted, su tipo, su barba a León
Felipe." Le contesté: "Pero yo tengo barba desde los 19 años, no
sé desde cuándo la tendrá León Felipe." En Cuba supe que leía,
ante públicos ocasionales, con zarandeo demagójico (comunista)
largo escritura poemática de ocasión y bulla: artículos de fondo
de prensa gorda en líneas cortadas como verso libre, no en verso
libre, que eso es otra cosa. No fui a oírlo ni a verlo, naturalmente,
y hubo sus más y sus menos políticos y literarios. Le dijeron,
hasta que él se lo creyó, que era otro Whitman [,] ¡pobre Whit-
man, pleno, esquisito, grande y delicado titulador de *Briznas de
yerba*, "Arroyuelos de otoño["]'[15], nombres conmovedores de la
tierra misma, de la madre tierra, porque a la madre hay que
señalarla delicadamente por y a pesar de su misma grandeza [!],
y ¡pobre León Felipe vulgar, ampuloso, estenso, vacío "español
del éxodo y del llanto", que quería, que quiere cojer la ocasión
"¡triste España!", no se escape, por las barbas, por las barbas
suyas y las ajenas, como otro Cid Campeador[!] Había en mi
Moguer de niño un muchachote epiléptico que se pasaba la
semana comiendo, descansando y leyendo *El Motín*. El domingo
se iba a misa mayor y, hacia el Credo, solía darle, con interrup-
ción jeneral, "la tontada". Se caía al suelo llorando a gritos y
vociferando todo lo que había leído en *El Motín*, en una forma
incongruente, monstruosa y desesperada. Yo no creí nunca que
fuera tonto sino que se lo hacía. Al terminar su espectáculo
dominical, salía corriendo por la plaza seguido de los chiquillos.
Algunos sesudos críticos de los dos casinos, el de los caballeros
y el liberal, lo tenían por un profeta y casi fundaron a su costa
una relijión. Cuando leo las lamentaciones hebraicas actuales del
León Felipe me acuerdo del tonto Venegas. Sí, que dejen los

chiquillos de tocar la flauta y corran en coro detrás de León Felipe. ¡Qué más quisiera yo! Y que todos vociferen reunidos el salmo demagogosinagogo del sofoco ¡triste España! con jipío, pataleta, berrido y espumarajo jenerales y pañuelo de la nariz colgando como para las procesiones del bolsillo de pecho de la americana, como un pollo pera. Eso es profético. Las 11. Pero ¿es posible que le haya dedicado veinte minutos largos a este asunto? Lo largo se pega.

FRAGMENTO 2

Y¿QUIÉN PUEDE vijilar siempre su pensamiento? La conciencia también duerme, como Homero. Tengo sueño. Se me abre la boca. ¿Hambre, aburrimiento, cansancio, sueño? Pero ¡qué hermosa noche de luna! La luna está ahí casi pinchada en la palma, como estuvo en Francia tras el laurel[1]. Desde que estoy en América, esta luna eterna que desde niño ha sido tanto para mí (la novia, la hermana, la madre, de mi romántica adolescencia, la mujer desnuda de mi juventud, el desierto de yeso que la astronomía luego me definió) me trae en su superficie la vista de España. Veo la luna como nuestra tierra, nuestro planeta visto desde fuera, desde el saliente a la nada del desterrado para quien su patria lejana hace lejano todo el mundo. Y en ella (la luna, la tierra, el mundo, la bola del mundo) perfectamente definida en gris rojizo sobre blanco, la hermosa figura de España. Ahora la luna no es la luna de otros tiempos de mi vida, sino el espejo alto de mi España lejana. Ya no es más que un espejo. Ahora la luna, al fin, me es de veras consoladora. Cuántas presencias muertas, vivas y muertas me trae. No, ¿ya no se unirán nunca esos pedazos tuyos para ser tú, ya el sol no te dará nunca en tu cara escueta, ya no se alzará tu mano fina y fuerte a tu cabeza? Y tú, España, ahí siempre, allí enmedio de la tierra, el planeta, con todo el mar, enmedio del mundo, exacta de lugar y forma, piel del toro de Europa, locura y razón de Europa; España única, España para mí. Mi madre viva, de quien yo lo aprendí todo, hablaba como toda España. Y España toda me habla ahora a mí, desde lejos, como mi madre lejana. Mi madre muerta, desde dentro de España, enterrada, es abono de la vida eterna e interna de España. Su muerte viva. España, cómo te oigo al dormirme, despierto, desvelado, en sueños. Los malos pies estraños que te pisan la vida y la muerte, mi vida y mi muerte, pasarán pisándote, España. Y entónces te incorporarás tú en la flor y el fruto nuevos del futuro paraíso donde yo, vivo o muerto, viviré y moriré sin destierro voluntario. No se me van del oído, fijadas en él como en un disco, las espléndidas altisonancias de la *Heroica* de Beethoven, tocada ayer por Bruno Walter. Nunca he oído la *Heroica* como ayer. Qué color, qué plástica, qué contraste en la "Marcha fúnebre"[,] que siempre me había parecido monótona y larga. Qué unidad tan bien compartida. Estaba yo embriagado. La música verdadera tiene para mí más vitaminas de todas las letras que todos los preparados del mundo. Como que está hecha de la vida exhalada del que la crea y el que la toca. ¿No ha de internar vida en el que la recibe, exhalando vida, en el espíritu, por los poros todos del cuerpo abierto? Vida. Esta mañana el sol me hizo adorarlo. Tenía, tras los pinos chorreantes, esa brillantez oriental, naranja y carmín, de ser vivo, rosa y manzana en fusión física e ideal de verdadero paraíso diario. Qué poco se mira al sol saliente, poder verdaderamente primero y único. Comprendo la adoración, bendición o maldición del sol; la idolatría del sol. Es nuestro principio único visible. [¿]Cómo olvidar ni dudar que hemos salido de él y que él nos "sostiene" y nos "mantiene" en todos los sentidos de la palabra? Equilibrio, ritmo, luz, calor, alimento, alegría, serenidad, locura. Caminando contra el sol, caminando. . . El zorro destripado en la noche por un auto cegador, el conejo yerto enmedio del camino, con la boca y los ojos más que vivos. Las auras negras volando en el aire aún de agua, cerca, por ellos, conejo y zorro. Hambre cerca, de cabaña astrosa de indio pringoso, de negro costroso, con olores que no van en mí con la naranja ni el pan tostado. Espejiísmos inmensos en el cielo. Las grullas blancas que se levantan volando elásticas, blandas como flores. La serpiente que

pasa en ondas rápidas, y la matamos con la rueda. La pareja de
lentas tortugas. La mariposa ocre muerta como una flor, contra
el cristal[2]. El cangrejo que corre con la boca abierta. Paludismo.
Nubes rosas en el mediodía. Confusión de cerebro y sol. Nos
detenemos. ¿Alguien, algo me ha llamado? Salgo al aire libre.
Lejanos rumores de día libre. De pronto, todo el rumoroso si-
lencio y nosotros solos. Todo fundido, vida, muerte, verdor,
hambre, asco; presente y lejanísimo estado de armonía total de
la que soy a un tiempo centro y distancia infinita. Seguimos
caminando. ¿Todo se ha de resolver en la mujer? ¿Por qué la
garza, el zorro, la choza, el pantano, la nube, el espejismo, el
viento en el cristal del coche no son nada en sí ni en mí? ¿Dónde
está lo que son? ¿La mujer universal? ¿Me llamaste? ¿Quién? Nos
paramos otra vez. De nuevo yo, vertical y ruidoso de entraña
ardiente enmedio del inmenso coro callado y palpitante, en una
melodía remota y al lado, coro de ranas y de estrellas ocultas en
la luz del sol, pero allí, allí. Qué presencia obsesionante de mi
vida las estrellas presentes ocultas en la luz del sol. Todo parece
que me desconoce. Qué estraño me siento caminando vestido
por este camino de las marismas inmensas. Y yo lo reconozco
todo. A nadie, a nada le intereso y a mí me interesa todo. Veo
toda la naturaleza como algo mío y ella me mira toda como algo
ajeno, la flor, el vuelo, el mal olor, el mosquito. La sombra, la luz,
la huída ¿la llegada? ¿De quién huyo, qué me espera, a quién voy,
naturaleza? No, no hay detalle. La armonía infinita, lo total de
que soy una nota, como el pico del aura carnicera y el ala de la
florecilla blanca. Este estar enmedio de todo y fuera de todo, esto
¿soy yo? Ahora, en la casa abrigada, isla cerrada cúbicamente por
paredes blancas enmedio de la misma naturaleza, casas entre
árboles que siguen siendo ajenos, el radio nos da, como un tiro,
su sorpresa en la forma más inesperada. Hoy, la muerte de Joyce
en Zurich[3], donde él escribió durante la otra guerra su *Ulises* y
donde sin duda quiso refujiarse en ésta, como en su mismo libro
antiguo. Me hubiera gustado ver a Joyce muerto, el reposo defi-
nitivo de su cabeza sumida y disminuida, en una hipertrofia
concéntrica como la de mi corazón, por el trabajo, sus ojos bien
gastados, como deben ir los ojos y los sentidos todos a la muerte,
ojos gastados después de los sucesivos arreglos de la óptica. Del
centro de la muerte colectiva, muerte de tantos que no podemos

evocar separados, de Oxford, me llega hoy también el nuevo *Oxford book of Spanish verse,* impreso y encuadernado con el cuidado y el esmero de siempre en esta bella Oxford Press. Qué lección. En España también se hacía lo mismo, se imprimieron los libros de la paz enmedio del desorden, los libros del silencio enmedio del estrépito. Trend, que los gases envenenaron en la otra guerra y que sigue en su sitio en ésta, Christ College, al reeditar el libro que editó primero Fitzmaurice-Kelly le ha suprimido, por fortuna, el sonetito de Leopoldo Díaz a Santiago Pérez Triana, "por el amor que los dos profesamos a la lengua castellana", antes al frente del libro. Pérez Triana fue un hombre bondadoso y sonriente, un héroe de la enfermedad. Me acuerdo de los ratos agradables pasados en su casa de Madrid con ellos, de su señora americana que nos daba aquellas comidas de colores sobre las que yo publiqué un artículo, de su hijo Sonny al que yo le escribí unos versos. Pero ¿por qué poner al frente del libro de Oxford aquel soneto tan fuera de lugar, de valor y de asunto? También ha cambiado Trend los poemas míos que escojió Fitzmaurice-Kelly, sin contar conmigo y con titulitos inventados por él ("Espinas perfumadas", "Hastío de sufrir"), en los que no lo tenían. En la selección de los poemas posteriores a los míos (el libro anterior terminaba en mí) y en el prólogo y notas nuevos se ve que Trend está muy influido por la guerra de España y de Inglaterra, cosa perfectamente natural, al fin y al cabo. Como apéndice de los poemas ha puesto Trend unas breves pájinas, ejemplo de la poesía tradicional y la barroca españolas, muy útiles y exactas para el lector inglés. Maravilloso lector inglés. Londres, hace unas semanas, nos trasmitió a todos una conferencia sobre la paz eglójica de Virjilio; también una conversación de Eliot sobre la perdurancia de la lengua en la desaparición de todo lo demás.

[Cita de Eliot. *(Times)*]

FRAGMENTO 3

QUÉ BELLO el heroísmo del hombre cultivado y sereno, qué feo el feo heroísmo del hombre bruto y revuelto.

Bruto revuelto que deja morir de cárcel a Julián Besteiro, el ecuánime, que caza al hombre honrado y sensitivo que se refujia por necesidad en otro país y lo ahorca o lo fusila, como los dictadores de España, los vengativos, a este bueno y honrado Cipriano Rivas Cherif, entre otros que no conocí personalmente. Qué bien se portó Rivas con nosotros en aquel agosto de 1936. Gracias a su buen ánimo jeneroso y a la libre comprensión y noble dilijencia de Manuel Azaña, pudimos salir al aire más libre, entonces, del mundo, ya que en el de España,   , nos ahogábamos. No olvidaré nunca aquel salón amarillo con vistas a Guadarrama humeante donde Azaña, sereno y sonriente, no parecía un preso; y con qué pena dejé a algunos de los que dejé en Madrid, que hubiera querido llevarme conmigo. Aquí tenéis, casticistas, la tan cacareada "reciedumbre" de España; Azaña, muerto de tristeza, Besteiro de ingratitud, Rivas de venganza, en nombre de lo castizo[1]. Qué diferencia entre estos hombres de alma pequeña y oscura que hoy pisan fuerte y hueco a España y el General Mannerheim de los finlandeses. Guardo como una joya lírica y épica el discurso que dijo, que habló a sus soldados

cuando el rendimiento a Rusia Zorra. Lo he citado en mi libro
Época como ejemplo de poesía de la guerra². Qué estraños con-
ceptos, qué incomprensibles ideas, qué confuso[s] sentimientos
se leen y se oyen sobre la poesía de la guerra, y qué hermosa
pájina escribió José Martí sobre esta equivocación. Mannerheim
será para sus finlandeses mañana, como Gandhi para sus indos,
un héroe hacia el futuro. Y pensar que toda esta horrible guerra
es, mirándolo bien, una representación teatral. Nuestra vida
entera no es más que una representación teatral en la luz del sol,
la única comedia o trajedia que es al mismo tiempo teatro y
verdad. Y qué verdad tan triste para el que es, al mismo tiempo,
actor y espectador conciente. Y ¿cómo este actor, este espectador
conciente ha de ser alegre ni gritón sino melancólico y callado?
¿Dónde queda dios, autor, actor y espectador? Mi amiguilla
puertorriqueña de tres años, aquel montoncillo rubio verde y
gris de encantos y gracias palpitantes, aquella inolvidable
Malusita que ya no será así, que cumplió ya su papel de niña en
la representación de la existencia, me decía, parándose de
pronto, por la Quinta Avenida de New York: "Juan Ramón[,]
¿dónde está dios?" Yo: "Pues . . . ya tú lo sabes." Y ella im-
paciente, golpeando la losa grande y fría con su pie diminuto:
"Sí, ya lo sé. Pero yo digo antes, [¿]dónde estaba antes de estar
donde está ahora?" Y yo miraba sonriendo, callado y triste, el
aire de entretiempo sobre el parque ya con hojas secas. Qué cosa
el entretiempo. Siempre he sentido cada estación del año en el
mismo corazón de la otra. Ahora, enero, estoy sintiendo la pri-
mavera, la primavera universal. Como aquí en esta Florida que
vivieron y murieron tantos españoles, son más iguales entre sí
las estaciones, es preciso sentirlas más sutil, más hondamente,
distinguirlas entre la totalidad confusa de la estación total, del
posible paraíso eterno. Aquí se ven todas las estaciones a un
tiempo; el árbol seco, el amarillo, el verde, el cobre, el rojo
cobijan flores de todas partes y tiempos. Sólo el pájaro, cantor
al fin, siente la diferencia y las separa como yo. Qué humedad
tan agradable hoy, esta humedad que ayer mismo me escalo-
friaba. Me acuerdo entre esta humedad, al lado de este mar gris,
del manuscrito de la "Serenata india" de Shelley, que tuve entre
mis manos temblorosas, hace 25 años, en la biblioteca Morgan.
Aún tenía en sus manchas del mar la humedad de la muerte y

de la vida que ahogaron a Shelley. Iban Esquilo, Keats, él mismo, y esta serenata que parece desnuda. Qué frío sentiría la serenata al naufragar, qué frío siento yo leyendo la carta estraña de Keats a Shelley contestando a su invitación desde Pisa. La primavera, Keats, Shelley, el viento del oeste. En Cuba, viniendo nosotros de Matanzas a la Habana, por aquel camino cobijado de verdor, los totíes y los sinsontes vinieron cantándonos todo el viaje entre los magníficos, ya negros laureles. En Madrid, cómo cantaba el mirlo en la rama más alta del pino del jardín del Conde de Gamazo, frente a nuestra casa. En Moguer, la golondrina en la calle Nueva, en la calle de la Aceña, en la calle de la Cárcel, en la plaza de las Monjas, qué loca iba y venía; en New York, las camelias delicadas de Washington Square, entre las casas de ladrillo rojo y cristales morados. Fuimos paseando los dos por Washington Square y recordando lugares, espacios, formas y colores de 1916. Cómo cambian los espacios, las distancias con el tiempo, mucho más que los colores y las formas. Qué buena mañana de recuerdos, que parecía, siendo otoño, primavera. Luego vimos libros viejos y nuevos en las tiendecillas íntimas, agradables, acojedoras de la calle 8, el Museo Whitney, otra vez, con la pintura y la escultura americanas recientes que van logrando, libre ya de Francia en lo esencial, su espresión y su estilo. Muy claro el aporte sobre este proceso en el libro *America In Midpassage* de los Beard, que estamos leyendo por las noches. Firmamos al salir para que no derrumbaran las casas viejas ni los árboles de aquellos lugares, de un colorido tan encantador. Qué bien van con los colores y las líneas de las mujeres internacionales de Nueva York. Aquella muchacha delgada y pelirroja leyendo un libro en la escalerilla de su casa, Quinta Avenida; aquella niña sentada al amparo del árbol centenario, camino llovido y anticuado de Tarrytown, aquel día bajo y apagado; mate luz rubia suya en lo verde grande. Elisabet Wheelwright tiene también una blancura particular bajo el pelo platioro y los ojos verdes distintos. Qué italiano tan gracioso habla, bella voz y aire de ilusión florentina. Buena mañana por los museos, con ella, aunque sólo le interesaban los italianos primitivos del Metropolitano. En el Museo Moderno no comprendía nada, y yo estuve sentado una hora mirando aquellos tres cuadros de Van Gogh, la mujer en verde y azul, la cerca con sol poniente, la réplica de Millet. Luego fuimos a la esposición científica de Rockefeller Center. Qué cosa el desarrollo del ser humano en la matriz materna. Qué situación, qué suceso estar nueve meses en el seno de una madre, entre fibras, membranas, venas, jugos automáticos, ajenos a las voluntades; qué cosa para ella[,] continente[,] y para uno, contenido, ella abultada horriblemente de uno, uno allí metidito, como estará en la tumba un día, y enroscadito, como un mazapancito, un

Una matriz o un huevo, y allí dentro, chupándole la sangre a una madre por el ombligo, un pollito, un niñito, un sercito que luego ha de ser un poco más tiempo y en un poco más de espacio esto que somos yo y el pollo, yo que me como el pollo, que lo interno de nuevo; y que no ha de volver a acordarme, si no quiero, de aquello. Sin embargo, sí, yo me acuerdo si no quiero, sobre todo en sueños. Todas las pesadillas de estrechez y agobio, de conductos subterráneos y torres de caracol, de sujeción y apretura, tan frecuentes en mis noches, estoy seguro que son memoria de mi matriz. Y en New York, por fin, me he visto bien visto en mi serie sucesiva de feto, hasta que salí a la calle, por fin, un 24 de diciembre de 1881, día, mes, año, nombres de los aficionados a contar bien. Tengo pues hoy 59 años y un mes de fuera y 9 meses, que nadie cuenta, de dentro de mi madre; mi madre ya "dentro" de Moguer, de Andalucía, de España[3]. Y yo, ahora, fuera del todo de mi dentro, preso fuera. Cárcel agobiante, más que una matriz o un huevo, la de la ausencia obligada por la injusticia, vijilia de ahogo, tortura del buey de F[ranco], caño estrechado y apretador. Qué gozo salir de un museo a la calle, a la plaza, al jardín; cómo se respira el aire libre y qué cuadro el de la naturaleza y la vida. Algo de la vida hay en los museos, pero en la calle está toda y, además, todo lo de los museos. Pues ¿y las bibliotecas? Nunca he podido "leer" en una biblioteca. Además yo leo poco de una vez. Cuando llego a algo que me satisface o me embelesa, dejo la lectura; me basta con llegar a algo mejor, una pájina bella cada día; y creo además que es feo echar una belleza sobre otra, un amor sobre otro. Ahora llevamos los dos una vida muy fundida en lo mejor, trabajamos, paseamos, guisamos, oímos música, viajamos, leemos juntos. Tengo la suerte de que a ella le guste lo que a mí y de que llegue a todo y todo lo sienta[4]. Estamos más cerca que en España, y si no fuera porque a mí me falta España de este modo, y por lo que pasa en España y en el mundo, sería feliz en la medida en que puede serlo el hombre interior. Pero el hombre de mi jeneración no puede, no podrá ser feliz (en el mundo). Sólo, León Felipe, los farsantes. No tenemos "servicio", como debe ser, nos servimos uno a otro por gusto. Viene sólo una muchacha "de color", una vez por semana, a resolver las cosas que nosotros, con nuestro trabajo, no podemos llegar a resolver. El servicio debiera ser sólo esto y, además, para lo grato. Lo desagradable debemos hacérnoslo nosotros mismos. Así quedaría bien la vida y la conciencia. Por la noche salimos poco. Qué bien está ella con sus vestidos de noche, qué joven está, es, qué espíritu tiene tan permanente. Los colores que van mejor con el suyo, de noche, son el negro o el gris con verde, plata; de día lo blanco. Tiene el buen gusto de no pintarse; sólo, por la noche, un lijerísimo acento; y cómo le saca este toque de suave rosa y el sofoco de la escitación el verde especial, íntimo, secreto, de sus ojos. Su mirar es hondo y rico como era el de su madre. Yo creo que no debemos acicalarnos demasiado en nuestra vida; la limpieza precisa para estar de acuerdo en plena vida con la plena naturaleza. Lo que vaya bien con la naturaleza y la vida, y nada más. Y si hay que mancharse, mancharse del todo sin remilgo. La vida no hay que separarla en dos, limpia y sucia, ni alejarla de la tierra; es mejor unir tierra y vida y no esperar que las una luego a disgusto nuestro la muerte. Todo debe unirse en la vida. Qué desagradable aquí en la Florida la división del ser humano por "color". En los bancos, los tranvías, las fuentes, un lado para los blancos y otro para los negros; los negros tienen que recojerse a cierta hora; no son de buen ver en otra ["]sociedad".

(Sobre los negros.)

Y qué cosa tan estraña, nunca los he visto bañarse en el mar. Esta mañana fuimos al mar, y estaba liso, casi fluido de trasparencia; dejaba ver su fondo como una cara revelada. Era "de un incoloro casi blanco"[5], inmensa luz y agua distinta. El ser humano parecía negro, bestial, rehumano. Qué basta parecía la mujer y qué grandota. Naturaleza, playa infantil para los niños y los hombres que no han olvidado que pueden volver a ser niños. Luego, la tarde buena, blanca y negra, y un concierto de Bruckner, su

Octava sinfonía, y dirijiendo la Sinfónica de N[ueva] Y[ork], Bruno Walter. Hora grande de música, también, como la de naturaleza esta mañana, diferente; diferente como esta música de otra. Y qué lirismo, qué sonido el de la orquesta con Bruno Walter. Llena de luz el mismo día de sol. Por la noche, la carta de Alejandro a Darío III, vencido ya por él, y la de San Pablo a los Corintios, sobre la caridad especialmente. Dos cartas inolvidables, cada una en lo suyo. En español, sólo Santa Teresa puede compararse en las cartas a San Pablo. Qué relación tan honda entre ellas, la sinfonía de Bruckner y el mar de esta mañana[6].

FRAGMENTO 4

HAY DÍAS ASÍ, de una unidad completa, dignos de ser vividos.
Hermoso domingo, otra vez fiesta verdadera. Recuerdo lo que
consideraba Stendhal un día hermoso cuando estaba en Roma;
pero hay cosas que no es necesario escribirlas, porque parece
entonces que no fueron sólo para nosotros; y qué deleite en esas
cosas que sólo son para nosotros. La puesta de sol quedó dentro
de la noche, de una manera absoluta y completa. Todavía cruza-
ban el crepúsculo las luces de Bruno Walter. El periódico *La
Prensa* de N[ueva] Y[ork], publica hoy un artículo de nuestra
sobrina Inés Camprubí Mabon sobre la esposición de su her-
mana Leontina en Nueva York[1]. Estas dos sobrinas nuestras
están dotadas escepcionalmente para todo lo bueno y lo peor,
pero no acaban de comprender que para ser un artista ver-
dadero, para llegar a la plenitud de una vocación, hay que ir
dejando todo lo menudo de la vida y aumentarse sólo con lo
grande. Qué májico el Hudson aquella noche negra y plata en
que llevamos a Leontina a su estudio. Se salía, hierro frío vivo,
de madre y parecía un mar encadenado, enjaulado en los
edificios de piedra y hierro. Negriverde todo, y yelo en el aire
quieto. Por las mañanas desecho diarios atrasados. Periódicos
diarios. Me fascina el diario, lo diario. Mi gusto hubiera sido ir

publicando todo lo mío en un rincón de un buen diario, entre la vida de cada día². Siempre he visto mi escritura como provisional y el diario hubiera sido su lugar propio. Obra sucesiva hasta el final y pasadera en lo provisional, como el diario. Y qué gusto llegar con el diario, por la mañana, a tantos rincones agradables, lejanos y próximos, donde quizás una sensibilidad alerta recojiera en su desarrollo el envío mío en desarrollo. La inmensa minoría, mi adorada minoría inmensa. El libro lo he considerado, desde mis treinta años, como final, y la revista literaria me ha parecido siempre un álbum. Esta nota sobre el pan fósil encontrado en Suecia . . . Qué ironía este pan fósil sobrante de sus siglos ahora que falta tanto pan diario. La solución parece que es el estudio del pan fósil hecho con cortezas de árboles. Que no lo sepa Hitler, no quedaría un árbol en Europa. Qué fósil me parece el cerebro del capitán Lindbergh. Siempre lo tuve por un cretino. Ese cuerpo larguirucho y esa cabecita de fósforo rojo arriba con sus ojillos desconfiados. Casi todos los hombres que llevan a cabo "hazañas" mecánicas, suelen ser idiotas para lo demás. Con su tozudez unilateral se proponen una empresa, y como tienen ese lado hipertrofiado, lo consiguen. Los idiotas son jeneralmente hábiles para lo técnico. Pensar ya es otra cosa. Lindbergh "piensa" que lo mismo es para el mundo y su vida que triunfe la dictadura que la democracia, y que América debe pensar sólo en lo suyo, dejarse de Europa, del mundo civilizado más antiguo, es decir, que no debe importarle nada la parte de la cabeza que no es sólo mecanismo. Y este hombre ha estado a solas con su cabeza más o menos entera, en la noche estrellada del Atlántico. Ahora se ve que no vio esa noche más que su aparato. Su ideolojía es propia de un aparato. Así como los cocheros suelen hacerse unos con el caballo que tira de él, los aviadores suelen hacerse unos con el avión que lo vuela. Se ha apagado el poniente amarillo, grana y verde, y la noche echa su inundación de beleño sobre todas las cosas y sobre mí mismo. Me quedo fijo como aunado al resto, sin sensación de materia ajena ni propia. Como agua en agua; un todo que no se cambia. A esta hora mi ser es como una playa sola en la oscuridad, y el tiempo total de mi vida me invade como un mar que ha hecho serenidad todos mis naufrajios. Cada recuerdo rompe en mí como una ola, una onda inmensa, y me llega hasta el

último poro de mi totalidad saturándome de su sustancia con-
densada. Un recuerdo, otro, otro, con un ritmo lento y cons-
tante. No soy más que percepción, entrada, y el mundo restante
invasión, salida en mí. No hay salida de mí ni entrada en lo
demás. Solos yo y el pasado. Qué posibilidad de estado normal
más tranquilo, una posible muerte; el hombre como una roca
espiritual de luz hecha sombra, dejándose invadir de su vivido
universo rítmico[3]. Vuelvo a pensar en la matriz donde viví
nueve meses sin recuerdo. Si el nacer nos fue una inconciente
integración sucesiva, el morir nos será una sucesiva desintegra-
ción inconciente. Faltando la conciencia ¿qué más da la tumba
que la matriz? Recuerdo las dos veces en que me hubiera muerto
sin darme cuenta, ni sentir espanto ni inquietud ni tristeza, sin
sentir la vida ni la muerte; una, aquel mareo en el mar cerrado,
cuando estuve no sé cuánto tiempo tirado al pie de una escalera
a babor[,] desaparecido de mí mismo y, por lo visto, de todos;
otra, una [sic] envenenamiento por una inyección de morfina,
médico rápido en la madrugada fría[4]. Yo vomitaba y no me
importaba nada vomitar, ni cuántas veces, 40, 50, 60. Ya me
gustaba vomitar, vomitarme desde dentro, y me deshacía por
dentro, pero me daba lo mismo. Recuerdo aquel terrible cuento
de Huysmans, el disentérico colonial cuya única ilusión era
llegar a su casa de París para poder morir sentado en su retrete.
Seguramente morir será gustos. Qué tranquilamente murió mi
madre. Qué palabras tan sencillas, tan profundas y tan justas las
de sus últimos días. Parecía que dejaba un paraíso para entrar en
otro. ¿Me habrán robado también los de Félix Ros las pájinas que
escribí sobre la muerte de mi madre[5]? Escritas al sol madrileño
de aquellos días de otoño, vuelto de Moguer, no podría volver
a escribirlas. Cómo me oscureció el viaje a Madrid aquel tonto
charlatán, Pepito T[6]. Yo quería pegar mi sentido al campo
moguereño, colinas y marismas que pasaban, luz y sombra de
octubre, y no podía. Qué daría yo por tener esas pájinas conmigo
en este cuarto de Coral Gables, blanco como aquel de Moguer
en que murió la hermosa madre mía. Mi cuarto (dormitorio y
trabajatorio) da a tres talleres. Me gusta ver trabajar mientras
trabajo. Todos, trabajadores, nos levantamos a las siete, y a las
ocho estamos trabajando. Si a veces me siento cansado y pienso
en otros aspectos más fáciles de la vida (paseo, teatro, visitas, etc.)

miro al negro que lava los coches, a la muchacha que arregla los pelos, al albañil, al carpintero, a la enfermera; y con qué alegría olvido todo lo que me llama al descanso. Víctor de la Serna trabajaba más, en su puesto de revisor nocturno de trenes y en su oficina diurna de "Renacimiento". No, no me porté bien con él. Es claro que yo necesitaba aquel dinero que era mío, para pagar la casa, y que el casero no esperaba, y es claro que la razón del grito estaba de mi parte. Pero yo debí haber contestado, como pensé (¿por qué no lo hice, enemigo de las cartas?). Su larga carta de esplicación honrada y digna. Tampoco contesté a G[erardo] D[iego] cuando me escribió aquella otra carta deplorando su vida anterior juvenil de modo tan limpio y bello, y pidiéndome amistad. ¿Por qué no le contesté tampoco? Y yo lo deseaba vivamente y lo pensaba cada día. Cuántas cosas he deshecho y cuántas se me han desarreglado en la vida por mi odio a las cartas. Y siempre quedan para el después más favorable las que se debieran escribir más pronto. Cartas que escribir, mi horror de cada día, cartas largas que recibir, mi angustia de cada día. Como las visitas largas de la amistad pesada. No, no me gustan las visitas largas ni las cartas largas, ni cuando no son necesarias unas ni otras. No hay viento, y las palmeras están quietas, lacias, flojas, apesar de ser tan espinales. No tolero la palma sin viento o brisa. En la brisa y el viento la palma es mil veces lo que es, se cambia y multiplica en formas y posturas inimajinables. Es un espectáculo que si no puede compensarme de la falta del pino, el árbol mayor, ni del chopo verde, ni del álamo blanco, me distrae con la vista de su gracia, mujer en vez de dios o diosa. Estoy seguro de que la mujer del trópico ha cojido su flexibilidad y languidez, su danza quebrada y su habla tierna de la palma. ¿Quién inventó la fábula de la cola del león clavada en la arena? Era un sinfantasía. La palma no es nunca cola de león sino espejismo del león, la palma cosquillea el ojo rubio del león con su ritmo inevitable. Es posible que el león quiera hacer palma de su cola soñando con la palma. En todo caso, también es posible que el león sembrara su cola en la arena del desierto para crear la palmera sin viento. El león, el animal. Recuerdo que Whitman dijo que "él podía volver a los animales y vivir con ellos, tan plácidos y contenidos; que ninguno de ellos está descontento nunca ni se arrodilla nunca ante los otros; que ninguno

es industrioso ni respetable en toda la tierra." No frecuentamos
los animales lo necesario o los frecuentamos como el fabulista,
odioso en jeneral. Sólo La Fontaine, observador en grande del
animal, lo rebajó irónico hasta codearlo con la mujer y el hom-
bre. El animal hay que amarlo en sí mismo; cada día me es más
necessario el animal, no doméstico, horror, el animal en la mon-
taña, la marisma, el viento, la ribera, el valle, el mar. El animal
marino no me atrae tanto, sólo su éstasis o su dinamismo dife-
rentes; quiero el animal de tierra[,] que es el que ha dictado al
hombre algunas de las mejores verdades que posee. La conten-
ción . . . Quién pudiera ser en algunas cosas como el animal.
Leyendo la carta con que Pedro Abelardo contestó a la apa-
sionada súplica de Eloísa, parece imposible que un hombre supe-
rior no pudiera haber trasformado su amor, después de la castra-
ción criminal, y por encima de toda vergüenza pública, cuando
su amante, tan superior a él, estaba dispuesta a trasformarlo. Sí,
sin duda Eloísa era la superior en todo[7]. Qué despreciable el
hombre "normal" que en el embarazo de su mujer tiene que
consolarse con la puta o la criada, y no digo nada la mujer, y he
conocido algunas, que acepta y disculpa el hecho. La intelijencia,
que sólo ha servido para desviar lo natural en tantas cosas al
hombre[,] ¿qué superioridad le ha dado al hombre sobre la
bestia? Feliz el animal y desgraciado el hombre, fatalmente
heredero ya para siempre del pecado orijinal de la inteligencia.
El martirio de la cosquilla en la planta de los pies al pobre chino
encepado, que lo entraba frenético en la muerte, entre convul-
siones de placer táctil, es comparable al martirio de la in-
telijencia en el amor. Por eso no puedo aguantar la literatura
inteligente de amor, la llamada poesía de amor intelectual, cos-
quilla intolerablemente gustosa para la lectora o el lector de
naturaleza animal y para el poeta natural que cree en el amor
animal y en el espíritu humano. Cuanto más rubia o más negra
es la mujer, es más sensual; el tipo intermedio parece que no se
atreve a serlo o que ha admitido mejor el cultivo moral. Y la
mujer ultrarrubia, con sus variantes plateadas y rojizas, es más
animalmente sensual, como la supermorena; sus tipos están más
cerca de la bestia. Son de ese tipo estra, que no gusta en los
ambientes burgueses o poblanos, sino en el pueblo o en los
medios estéticos cultivados. Hay un tipo de rubiblanca y otro de
negriazul que se licúan por los ojos, los oídos, los labios, los pies,

las manos; son como esas plantas llamadas de la lluvia, siempre
mojadas, chorreantes; más vejetales que animales, sacan la hume-
dad de la tierra misma; están hechas de raíces y flores. La mujer
no está más cerca que el hombre del animal cuando está educada,
pero la mujer "mal educada" tiene la idea animal de que el
hombre ha de estar siempre dispuesto a complacerla si a ella se
le antoja. Cuántas mujeres vemos por la vida que se nos insinúan
a todos los hombres y de todas las maneras. Ellas creen que no
es necesario más que eso para satisfacer sus apetitos, sin contar
con que el hombre puede ser el "animal difícil". Y qué ridículos
los hombres que creen que conquistan a una mujer porque ella
los apetitiza, que se consideran héroes porque han servido de
entes de desahogo a una mujer que se los ha llevado a su placer
carnal urjente. Ese es el ridículo del donjuanismo. Y qué estú-
pida la mujer que no cree eso, en España, en Rusia, en Francia,
en Nueva York, en La Habana, donde sea. Cuánto ardid necio
para conseguir un número más en su vida de aventura tormen-
tosa vulgar. Qué picado está hoy este mar total que es la Florida,
mar de agua, tierra y aire, pero qué agradable. La corriente del
golfo de Méjico que nos da esta esquisita brisa y nos hace
llevadero el mayor calor en verano y que templa el frío en
invierno, sólo ejerce su influjo benéfico hasta Palm Beach. En
San Agustín, en español, ya hace calor de horno en agosto y yela
en enero. Qué ciudad tan íntima San Agustín, demasiado
ahogada entre sus árboles inmensos que cobijan tanta tumba y
tanta casa españolas todavía. Qué hermosa la salida hacia Jack-
sonville y qué evocadores los nombres españoles que va uno
encontrando. Yo tuve un maestro que me enseñó que el Golfo
de Méjico se llamaba el "Gulf Stream" porque leía "Gulf
Stream" en el mapa; y lo peor es que yo lo creí y lo dije mucho
tiempo, y que cuando ya sabía que era un disparate, me era
imposible cambiar aquello de sitio en mi cabeza. Todo lo que se
nos inculca en la infancia, qué fuerte se queda en nuestro sen-
tido, y el mismo disparate qué prestijio tiene. Esto me ocurre
sobre todo con ciudades que he creído que son de una manera
y luego vi que eran de otra. Nunca he podido colocar mi
Granada de Théophile Gautier debajo de la Granada que vi en
la realidad. La luz de la imajinación es tan fuerte, tan distinta la
luz dentro que fuera. Qué luz hay en toda la Florida; es tan llana
y tan baja esta tierra, este arrecife de coral[,] que el cielo sale de

su misma base y se levanta en una medida inmensa de infinidad.
Cómo me impresionan las luces de cada país, de cada ciudad, de
cada vida, de cada ser; la luz del mundo en la vida. Ahora, una
ráfaga ideal de los azahares de Orlando: Orlando, ladrillos car-
mines, tierra naranja, olor de azahar sobre los lagos. La luz, la
luz. Cuántas luces distintas en mi luz y en mi sombra. Los
últimos ánjeles de la lluvia se han volado de tres en tres, de cinco
en siete, trasparentes en el poniente azul. El sol mejor de última
hora limpia el verde de abajo, como un mar alto, con total rayo
puro. Qué sencillo y liso es lo bello. Y qué bizantinismo innece-
sario el del "Canto" de Ezra Pound que leímos anoche. Empieza
bien: "Mientras que de mis dedos estallan las enredaderas—y las
abejas cargadas de polen—trajinan pesadamente en sus brotes—
chirr, chirr, chirr, rrikk, con su bordoneo—y los pájaros dormi-
lones en la rama . . ." Pero luego: ["]—Zagreus! Io Zagreus!—con
el primer pálido claror del cielo—y las ciudades puestas en sus
montes—y la diosa de las bellas de rodillas—andando por allí,
con el robledal detrás de ella,—la verde pendiente con los dogos
blancos—saltando en torno de ella;—y de allí, abajo, a la boca del
riachuelo, hasta el anochecer—agua llana ante mi—y los árboles
creciendo en el agua,—troncos de mármol saliendo de la quie-
tud—más allá de los palacios—en la quietud—la luz ahora, no
del sol—Chrysoprasia—y el agua verde clara y azul clara,—allá,
hasta las grandes peñas de ámbar,—y entre ellas—la cueva de
Nerea—como una gran concha curva . . ." etc. Y es una pena que
Pound llegue a estos estremos descriptivos porque en cuanto se
tranquiliza su afán de superposición "estética", consigue "ejem-
plos" muy bellos. Con T. S. Eliot, en otro estilo, pasa lo mismo.
Qué hermoso poema "La jornada de los Magos". Cuánta cita
clásica innecesaria y cuánta alusión a países más o menos ex-
óticos, en toda la poesía inglesa moderna, tan poco inglesa. Y
cuánto eco de otros. Como Jorge Guillén y Pedro Salinas en
España, estos poetas construyen sus estrofas con hallazgos
ajenos superpuestos. Parece que esta jeneración es igual en todas
partes. "El hipopótamo" de Eliot ¿no es una desgraciada paráfra-
sis de "El niño negro" de Blake? Turner también quiere mucho
y puede menos. En algún caso llega a su propósito:

Cita[8]

FRAGMENTO 5

SAN JUAN de la Cruz logró como nadie el trueque del amor en sus dos zonas, idealizó, hasta donde es imposible, con su inefabilidad poética, el amor material; sacó a luz lo inefable del goce sensual. La poesía de San Juan de la Cruz es como la música, no necesita uno entenderla si no quiere. Basta con una aprehensión aquí y allá, y entregarse a lo demás, como en el amor. No conozco poesía que exija menos comprensión ni esfuerzo para ser gozada. Eso es lo que Ramón Gómez de la Serna llamaría "idealidad o cursilería", idealismo realista en contraposición al "realismo májico". Esta trascendencia del realismo májico es lo que le ha faltado siempre a Ramón Gómez de la Serna para ser poeta. Con la lamentación hebraica "El Gran Responsable" del León Felipe de Judá me llega la "Biografía completa de J. R. J." de Gómez de la Serna. Siempre me han gustado las críticas fantásticas, pero qué manera tan burda de mezclar verdad y mentira. Eso es sencillamente invención de la mala fe, con el propósito de crear una leyenda peor que supla la mejor. ¿De dónde ha sacado Gómez de la Serna que yo he vivido en la calle [de] Jacometrezo de Madrid, ni que

ni que[1] Estas cosas se justifican diciendo que "hay que hacerlas para vivir". Comprendo y dispenso lo dispensable, teniendo "eso" en cuenta de otros. Ya Gómez de la Serna escribió otra "fantasía" de mala fe sobre mí cuando necesitó del de *Cruz y Raya*. Yo, por dignidad particular y jeneral, no quise escribir en el n.° 1 de dicha revista, y el resultado fue un ataque feo de su frustrado director en el mismo n°. Y Gómez de la Serna por colaborar en el número 30 y tantos, concibió un "ensayo" contra mí, "Lo cursi", entrada segura en la revista. Escribir contra otro, contra mí es natural, y yo merezco cuanto se me diga, menos la mentira y la calumnia. Yo escribo lo que me parece contra lo que no me gusta, pero nunca por móviles de congracieo. Todos tenemos algo cursi, yo, por ejemplo, el exaltado sentimentalismo de mi primera juventud, por enfermedad nerviosa, soledad y lejanía de sanatorios franceses y españoles; Gómez de la Serna, por ejemplo, el afán femenino de notoriedad, la plástica corpórea, tufos rizados, meneo y contoneo, trajes, corbatas, bastones llamativos, pintarse de negro, salir en elefante o trapecio a declamar,

y lo más cursi, la adulación a los críticos y a los directores de revista. Y ahora, qué cursi, Ramón Gómez de la Serna, ese "imperialismo" histérico, que ha demostrado plenamente el oportunismo de toda tu vida. A todo eso le llamo yo cursilería. Qué pena estas bondades y maldades confundidas en una sola masa humana. El radio, de pronto. La música libertadora otra vez. Música mía, encantadora música, qué bien bailas, qué bien baila tu esqueleto, tu hígado, tu bazo, tu diafragma, tu yel, tus metros de intestino, tus microbios, tu recto, tu escremento. Música, tú te salvas de la llamada realidad fea. [¡]Cántame, báilame, bésame, abrázame, encanto, mujer, forma, divina! O no, mejor tú, animal hembra que no presumes con perfume, que haces todas tus necesidades naturalmente y envuelves en ellas tu amor, y nos envuelves a nosotros en tu zoolójico. Bésame, baila, canta, bésame[,] foca, encanto, verdadera diosa que nada tienes que ocultar, que nada quieres ocultar. Y qué pesado, qué basto es ese otro animal Sibelius. Parece que todo el siglo 19 ha descargado sobre él, como un carro de plomo su tormentosa, larga, peor, ancha pesadez. Sólo Ricardo Strauss, en lo suyo, puede comparársele. A Mitropoulos, a Bruno Walter, a Toscanini ¿les gusta Ricardo Strauss, les gusta Sibelius? ¿Por qué lo tocan tanto? El intelijentísimo Lawrence Gilman dijo que la *Sinfonía* de Schönberg era la última bella sinfonía del siglo 19. Es curioso que los alemanes más vivos, Goethe, Mozart, Heine, Nietzsche[,] etc., se volvían hacia países y civilizaciones más claros y breves, Grecia, Italia, Francia, huyendo de sus nubarrones. Y más curioso que estranjeros como Unamuno, Mitropoulos, José Ortega y Gasset, Óscar Esplá, etc., griegos y latinos, se vuelvan a Alemania. También parece inconcebible que Mallarmé, tan agudo, tuviera a Wagner por un talismán, y que el grupo simbolista fundara la *Revista Wagneriana*. Qué confusiones tenemos que sortear los deseosos y entusiastas de la belleza verdadera. La música, la pintura, la poesía "se hacen" por deleite, como el amor. No son siquiera una relijión, nada de secta, el artista es libre. El enamorado no ama para crear un hijo perfecto, no se hace un puente por adornar un río, no se escribe un poema para resolver un problema mental. El poema podrá ser, si es bello, útil; el puente, además de exacto, esquisito como el Washington Bridge de New York, y el hijo hermoso y equilibrado a la vez. Pero eso es un resultado. Sigo con el arte que embriaga, sin llegar a nublar a la alemana, como el odioso alcohol, la cabeza. El estímulo natural para la embriaguez es sólo la hermosura, una mujer bella, un árbol hermoso, un mar espléndido, una música, un poema, un cuadro encantadores. Locura serena, la serenidad es una gloria. Esto ¿lo creen también los de la "Christian Science"? Debajo de nosotros vive un ejemplar matrimonio cristianocientífico. Creen, por ejemplo, que la terrible intoxicación que por poco me lleva el otro día al otro mundo, por culpa de médicos inconcientes y feos, no era necesario habérmela tratado con lavado de estómago, sino olvidándome yo de ella. Pero como ellos no deben, ante los demás, contajiarse, sería perjudicial para su secta contajiarse. Cuando nosotros tenemos una gripe, por ejemplo, aunque son tan buenos y atentos, hacen cuanto pueden por no aparecer en nuestra atmósfera. Hoy la señora ha recibido un radio diciéndole que su madre se muere de gripe. Vino a despedirse. ¿Cómo unirá el microbio de la gripe con el ser de su madre, es decir, cómo los separará? Éste es el caso contrario a la poesía. Porque en la ciencia lo primero es la realidad y en la poesía lo último. No, no creo en "la esperiencia" de Rilke, ni me gusta demasiado la parte de su poesía que es esperiencia, ni acepto como mejores esos otros "cuadros" como

"Cristo y la Magdalena", "Judas", "El huerto", "Bailarina española["], tan parecido al de Martí, tan manoseados por los parnasianos. Gertrude   ha tratado mejor estos temas y otros parecidos, Lenin, Judas, aunque con un evidente contacto con Rilke[2].

Stefan George amonestó a Rilke por su lijereza, y Rilke no le hizo caso. No me parece posible poner a Rilke sobre George ni sobre Hofmannsthal, apesar de su estraordinario don de música interior. Creo que gran parte de la reputación jeneral de Rilke la debe a París, a las "princesas", al esnobismo que le echó en cara con tanta justicia Lou[3].   No sé por qué va más "por dentro" Rilke que Hofmannsthal o George. Por dentro. No olvido nunca la alegría, mejor, el profundo bienestar moral que sentí a mis 19 años, cuando Rubén Darío, después de leer algunos de mis primeros versos, y salvando jenerosamente la distancia vertical que había entre su escalón y el mío, me dijo: "Usted va por dentro". Aquello fue para mí como un epivitafio. Y luego, viendo una dedicatoria mía "A mi alma": "Éstas son las dedicatorias que hay que poner" (las otras me las había puesto Villaespesa)[4]. Esto era el complemento que yo necesitaba. Qué noble Rubén Darío y qué crítico tan sutil. Llevaba mi libro manuscrito en su abrigo y de vez en cuando lo sacaba y le leía algo a alguno en cualquier mesa de cualquier café: Valle-Inclán, Benavente, Alejandro Sawa. Con Villaespesa rompí una tarde de lluvia la mitad de mis manuscritos de niño. Hoy quisiera volver a reunir aquellos pedazos rotos de papel que caían deprisa por la penumbra, como nieve de biblioteca, en el cesto de Julio Pellicer, para volverlos a romper a mi gusto. Qué gusto romper papeles. He comprendido al fin por qué guardo yo tantos periódicos, cartas, libros, revistas. Por el gusto de condenar y de salvar. Para mí es un placer único romper papeles; los rompo durante una hora cada día y el cesto en que los voy echando me da ilusiones maravillosas de forma y color casuales, de enlaces de ideas y sentimientos. Y lo que salvo yo ¡qué bienestar me da tan hermoso! En realidad yo he nacido para salvar y romper, guardar y desechar. También me gusta mucho regalar libros buenos con tal de que me los traten bien o de que no me los vendan. Los libros que me han vendido, y quiénes, quiénes, con su reputación de "hombría de bien", de honradez, etc. Qué poetas grandes

y pequeños. Y libros dedicados y anotados, que luego yo me
encontraba en librerías de viejo. (Recuerdo la injusta nota que
L[uis] R[uiz] C[ontreras] escribió contra mí cuando compró
Motivos de Proteo de Rodó dedicado a Azorín, que me lo había
regalado. Le faltaban, entre otras, algunas pájinas sobre mí, y el
cronista pensó que yo lo había mutilado y vendido. Si yo quisiera
decir quién lo vendió.) Cuánto ratero miserable en olor de san-
tidad. Yo vendo los libros que compro cuando caen en mi des-
gracia y no los quiero ya. Mi biblioteca es sucesiva como mi obra.
Cuando el libro que cae es regalado, lo quemo o lo doy, no lo
vendo. Me acuerdo por millonésima vez de mis libros de Madrid,
tan queridos, más que mis propios papeles. ¿En qué manos esta-
rán ahora? Si al menos sirvieran de algo verdaderamente noble,
humano o divino, a los que los han robado, si leyendo una pájina
de mi Confucio, mi Marco Aurelio, mi Buda, volviera alguna
conciencia a serenarse y reflejar en su calma lo verdadero. Pero
no culpemos a la guerra de estas cosas. Más libros me robaron
en la paz que en la guerra[5]. Robar. Acabo de leer un poema de
Jorge Guillén, "La biblioteca"[,] que me ha hecho recordar otros
de mi libro *Poesía en verso* que casi tenía olvidados. Se conoce que
los demás tienen más memoria de lo nuestro que nosotros.
Luego vendrá el otro tipo de ladrón moral que altere el suceso.
Qué buenas biografías podría yo escribir si tuviera tiempo. Me
gustan mucho las biografías verídicas, no poetizadas ni leyendes-
cas[,] y los epistolarios. Me gustan casi más que los ensayos y los
poemas. Si fuera posible que el poeta fuera él mismo sin la obra
realizada sólo con su vida. Pero qué vidas se escriben por ahí. Por
eso no quise dejar que Pedro Salinas escribiera la mía, que le
encargó la "Editorial Atenea". Libro embriagador de cartas de
grandes hombres y mujeres el que estamos leyendo. Qué carta
concisa, honrada, valiente la de Diógenes a Alejandro, en la que
le dice que la misma distancia hay de Atenas a Macedonia que
de Macedonia a Atenas si tanto quiere verlo. Qué digna y sen-
cilla en su verdad la de Leonardo al Duque Sforza enumerándole
sus "habilidades" y pidiéndole trabajo.

Esta   páj[ina],   para
citar cartas[6].

Yo mezclo siempre en mi lectura constante, lenta y suficiente,
lo moderno y lo antiguo. El otro día encontré aquí una edición

de Cervantes y me puse a releer las *Novelas ejemplares*. Es curioso que Cervantes, al contar en "El Licenciado Vidriera" lo que Tomás Rodaja, Miguel de Cervantes, vio en Italia (Florencia, Roma, etc.) no cité una sola obra de arte, arquitectura, escultura, pintura. La descripción de lo visto es la que podía haber hecho un carrero, de entonces y de ahora. Y qué empleo tan desdichado y tan pedestre del truco y del "colmo". La verdad es que Cervantes no adelantó nada en curiosidad ni en viveza al Arcipreste de Hita, por ejemplo. Y en el otro estremo, Calderón, antecedente en la idea de la conjunción teatral de Wagner (que sin duda la conocía, dada la boga de Calderón en Alemania). Comprendo que Calderón gustara tanto en Alemania, su imajinación es rica a la alemana, como la de Cervantes es pobre a la española. Cervantes debió ser intolerable como hombre y Calderón como esteta. En cambio, qué gustoso habría sido conocer al juglar del *Cantar del Cid*, que concibió a su héroe, enmedio del realismo inevitable español, demócrata, defensor y amigo del pueblo, cosa de un valor estraordinario en aquella época. La literatura española antigua, especialmente desde el 16 hasta el 19, qué empacho me da, y no digo nada los que hoy la prolongan, metiéndose en las tumbas, como Ramón Pérez de Ayala, por ejemplo, en la de Fray Luis de Granada. De todo el "Imperio" grotesco de la España actual, lo que más detesto es el retorno a esta literatura de tumbas removidas. Aire más delgado y más alto necesitan los españoles para respirar bien. ¿Por qué no vuelven a la media docena de poetas, que con el "Romancero" han salvado a España de su pesadez literaria? Menos mal que han exaltado con más o menos comprensión y derechura a algunos de los poetas modernos. Yo creo que los poetas modernos españoles son superiores a la mayoría de los antiguos y que andan al lado, en calidad estrema, del "Romancero", Garcilaso, San Juan de la Cruz, Fray Luis de León, el mejor Góngora, Bécquer, y no hay lugar para etcéteras. Y lo mismo digo de los pensadores modernos comparados con los antiguos, esceptuando, como en el caso de los poetas, unos pocos, Vives, Gracián, entre ellos. Qué aburrida la literatura española en jeneral con su ideolojía conceptista de tan poca sustancia y sus constantes cavernas oratorias. Esto lo entreví ya de niño y lo confirmo hoy. Yo tenía en la biblioteca de mi padre el "Rivadeneyra", y, esceptuando lo de tipo popular y algunos poetas, prefería, como hoy, lo que podía leer, cosa difícil en Moguer entonces, de literatura o poesía inglesas, italianas o alemanas. Francia, yo no conocía aún [a] los simbolistas, tampoco me atraía mucho. Veía en sus clasicistas la misma vaciedad española con más perfección académica. Entonces yo no había leído a Montaigne. Los "clásicos" españoles han vivido en España sin darse cuenta en absoluto de su vida interior (no me refiero a los místicos, un interior distinto), de su perspectiva, paisaje ideal, ni de su luz trascendente. Por eso nos han dado la imajen de una España tan realista y tan burda a veces. Sólo atisbos, aquí y allá, de lo directo. Lo demás, sentido a través de los clásicos griegos o latinos. Qué gloria ser español de la España completa, pero qué mal han dividido a España sus escritores, sus pintores, sus músicos antiguos. La gracia íntima de España ¿dónde estaba escondida? ¿Hablaban como en los clásicos los españoles y las españolas de entonces? ¿Eran tan redichos y tan circunloquiantes? Los castellanos es posible que fuesen así, ya que los de hoy lo son. Jorge Guillén, vallisoletano recalcitrante, dice "a las buenas horas", "albricias", "por modo y manera", "empero",

y qué mal se habla en Madrid, suma de lo castellano principalmente.

FRAGMENTO 6

CREO QUE Andalucía es lo único que puede salvar [a] esta España conceptista de hoy con su sencillez, su sensualidad fina, su ritmo y su comprensión ideal. Pero no la Andalucía de Lorca, ni la de Alberti, ni la de Manuel Machado. Antonio sí la cojió aquí y allá en su primera y deliciosa época. Andalucía es, creo yo, lo que más acerca España a lo universal. No hay que olvidar que los poetas arabigoandaluces, hermanos de los de hoy, eran ya hermanos precursores de los románticos ingleses y de los simbolistas franceses. Quién hubiera podido vivir siempre en Andalucía, una Andalucía posible, comprendida por los políticos.

aunque Andalucía haya sido patria de Lucano, Mena, Góngora segundo, Andalucía ha dado siempre en lo popular y lo culto, una poesía verdadera, que corresponde a la verdadera poesía de todas las patrias poéticas: Y, en el poeta, una poesía "de hombre", delicada, naturalmente esquisita, espontáneamente perfecta; eso que suele llamarse poesía femenina, es decir poesía varonil. Yo tengo la poesía (la vida, la muerte, la belleza) como una mujer, no puedo verla de otro modo, porque soy hombre. Ni hay que olvidar que "poesía" es femenino. Si la viera como un hombre, entonces sería mujerino. Por eso mi poesía es delicada y tierna más que yo. Una mujer, en cambio, debe ver la poesía, la ilusión, en forma de hombre, y la poesía llamada "masculina" debe escribirla la mujer. Esto lo han comprendido bien las mejores poetisas del mundo. Una mujer que hace poesía "femenina" es machota. La poesía es amor. Yo estoy enamorado de ella y tengo que verla naturalmente femenina. Así la han visto todos los artistas "enamorados" de su arte: Leonardo, Botticelli, Rafael, Mozart, Chopin, etc. Qué concierto anoche el de Toscanini. Uno de esos programas que él sabe componer: la *Sinfonía juguete* de Haydn, la *Sinfonía concertante para viola y violín* de Mozart, la *Sinfonía de Joachim* de Schubert: al final una de esas bagatelas que Toscanini suele salvar con su orijinalidad de visión. ¡Qué maravillosa delicadeza, qué ternura esquisita y limpia el violín y la viola de Mozart[!] Me parecía que la estaba oyendo la Virjen (con Santa Ana y el niño) de Leonardo. Deliciosa concordancia de hombres escojidos, a través de nuestros siglos de tiempo y espacio. Qué paisaje la música. Cuánto paisaje fuera de la llamada naturaleza. Suele decirse que una gran ciudad no tiene paisaje natural. Pues ¿y su humanidad, su paisaje humano carnal y espiritual? Qué paisaje humano el de New York, qué campo zoolójico humano, de todos los tiempos y países del mundo. Si existe un dios verdadero y distinto de los conocidos, sospechados o inventados ¡qué angustia la suya estar esperando que el paisaje humano lo encuentre! Porque el otro, donde el hombre lo busca en soledad, no le importa a dios. Y qué luz esta del desierto o el monte sin humanidad, que no le importa a dios. Leones, cuervos, monos, águilas, absurdos mensajeros. Qué repugnantes eran las auras familiares de la Habana, negras en aquella inmensa luz de paisaje humano carnal. La luz del mundo en la vida. Si tal hombre se diera cuenta fija de la luz del mundo en su tierra, de lo que de ausencia fúnebre, fugaz lejanía, imposible eterno hay en la luz del mundo en su vida (esplendor que lo trae y lo lleva prendido en su engaño) no podría vivir sin dejarse quemar cada día, sin desaparecer en luz. La tristísima farsa bella de toda la luz del mundo en la vida ¡está en que la luz viene de tan fuera? Orilla, onda, ola de luz de un centro que no podemos situar ni cojer, que no situaremos ni cojeremos nunca. Porque el sol no es toda la luz, sino una avanzada. Campos, mares, pueblos, ríos, caminos de la tierra, con luz de lo infinito esterno; belleza y

fealdad, mediocridad y altura humanas a la completa luz au-
sente. ¡Qué confusión de vida a la luz del mundo; qué salida de
todas las putrefacciones sólidas, líquidas, gaseosas; qué falta de
acomodación! Y todo grito a la luz del mundo en la tierra, por
alegre que parezca, es de horror, de sorpresa, de duelo, de an-
gustia, de desesperación, de odio. Borracho de lo que sea, que vas
equivocando la losa de la acera, cojiéndote a la cal con luz res-
balada del mundo[,] ¿a qué te cojes tan cierto sino al seguro
imposible de la luz del mundo en lo blanco? Máscaras que huís,
en los febreros de la vida, a las plazas iluminadas de los ayun-
tamientos y catedrales, a las cucañas y cruces con luz tardía del
mundo en la punta: ¿a qué fin corréis efervesciendo distintas,
sino al fin falso de la luz del mundo en el palo, el metal de la
plaza? Locos, tontos, enfermos que, cuando os da la luz del
mundo todo, ponéis esas caras sobresalientes a los otros[,] ¿qué
corre por vuestros pobres cerebros sino la luz del mundo en la
tierra, esta luz del estraño infinito de la vida, esta luz del mundo
grande en el hueco, el vano de vuestras altas entrañas pequeñas?
Y tú, aislada, blanca, escurrida, rota mujer de negro, que te
desgañitas gritando al niño desnudo o andrajoso revolcado en la
luz poniente de las frisetas terrosas del mundo[,] ¿a quién le
gritas sino a la luz del olvidado del mundo en el polvo? La luz
del mundo en la vida; espanto, broma, aullido, ironía incom-
prensibles. Tan alumbrados todos, todo, amor y muerte, paz y
guerra, y todo tan negro, todos tan negros. ¿Para qué, para quién
esta claridad cegadora? ¿Quién, qué, que no es el sol, ni la luna,
nos enfoca y nos mira así, inánimes, vendidos, perdidos? Y ver
este solar, este lunar, este campo, esta laguna de la luz del mundo
en la tierra[,] ¿es el don sublime que lo otro le regala al poeta?
Valeroso, triste poeta que te encaras solo con lo encendido im-
posible, y a ratos, quemándote en el todo sin nada, en el oro de
lo negro, encaneces de estraña ceniza. (1938)[1]

No creo en el dios usual, pero pienso en el dios absoluto como
si existiera, porque creo que debiera existir un dios como yo lo
puedo concebir. Y si lo puedo concebir[,¿] por qué no pensar en
él aunque no exista? A mí me sería fácil crear un dios verdadero
si tuviera poder material para crearlo. Concibo perfectamente lo
que pudieras [*sic*] ser un dios de mi intelijencia y mi sensibilidad[2]

Cuando besamos a nuestra mujer en la boca besamos en ella la boca de dios, todo el universo visible e invisible[,] y el amor es el único camino de la eternidad y de dios. En realidad yo creo que no hay otra eternidad que el amor[,] y si sentimos la muerte como un defecto es porque nos quedamos sin acción de amor, porque nuestra boca ya no puede ponerse en contacto voluntario y dinámico con la boca del mundo.

FRAGMENTO 7

EL SILBIDO del cartero, la tonada bien conocida de las bocinas de auto. Libros españoles de México. Entre ellos, algunos bien deseados: *España, aparta de mí este cáliz,* de César Vallejo, *La realidad y el deseo,* de Luis Cernuda,

, las *Obras completas* de Antonio Machado. ¡Qué irresponsabilidad la de este atrevido y aprovechado Pepito Bergamín, poner un prólogo a las *Obras completas* de Antonio Machado, nada menos![1] ¿Qué hace ahí esa forzadura de citas, ese enredijo de sermoncillos ajenos? ¡Este tráfico con los muertos ilustres, que todos sabemos lo que pensaban de él! Pepito busca dinero del modo que sea y de donde sea, los jesuitas o los comunistas, monta una editorial con arte ajeno y ¡a aprovecharse de las circunstancias para manejar vivos que se dejan y muertos que no pueden dejar de dejarse! ¿Ha pensado Bergamín si estando vivo Antonio Machado habría nunca llegado el caso de que él escribiera ese prologuillo martingalero? Y, además, basar el prólogo, y él libro con él, en una realidad espantosa, pero ocasional, accidental, como la guerra "en" España y la muerte de Antonio Machado. Poner a una obra poética de paz un prólogo de guerra, porque las circunstancias hayan convertido en "guerrerosa" la última parte vacilante de ese libro, es relegar la obra verdadera a un segundo plano, como queda relegada nuestra vida en toda circunstancia trájica[2]. Unamuno, Antonio Machado, García Lorca están "disfrutando" ahora una fama basada en la guerra, gracias a la actividad pululante de tales aprovechadores de cadáveres y famas. Quien conoció bien a los tres, sabe la repugnancia que hubieran los tres sentido con tal jaleo de sobremuerte paseada. Me acuerdo de aquella Teté Casuso, tan intelijente como desahogada, que quería pasear la guerrera acribillada de balas de su probre Pablo de la Torriente, que ella sacrificó, y bailarle luego ante todos una desnuda rumba final, "porque hay que vivir". En el caso de un vivo todavía es disculpable la osadía de los profanadores. Yo sé bien la indignación que le produjo al otro pobre César Vallejo la frescura de este mismo Bergamín cuando le "escribió" a su libro *Trilce* un prólogo que él no le había pedido y que Bergamín se decidió a "ponerle" por las circunstancias en que se hizo la edición. El prólogo estaba lleno de tonterías, como aquella comparación final entre César Vallejo y Rafael Alberti, con mengua aparente de Vallejo[,] a quien se prologaba para disminuirlo. Cómo comparar un poeta que todo lo recibe de fuera, como Alberti, con otro, como Vallejo, que todo lo sacaba de dentro.

Y lo estraordinario es que personas calificadas caigan por debilidad o necesidad momentánea en el círculo "admirativo" o tolerante de tales pequeñas y viles monstruosidades y lijerezas, que se tenga que leer con sonrisa triste el "elojio["] de tal a este "deficiente público español número 1" [,] como le llamaba Unamuno; de personas a quienes como a Unamuno, Antonio Machado o Lorca entre los muertos, como a Salinas, Alfonso Reyes, Guillén[,] etc. entre los vivos, le hemos oído cien veces lo que piensan sobre este irresponsable Bergamín. A mí me engañó en su juventud, le tomé cariño y a través de ese cariño vi su escritura. Le correjí *El cohete y la estrella*[,] que no estaba escrito en español de cabo a rabo, le puse al frente una "caricatura lírica" animadora y discutí con todos los que me hablaban contra la participación suya en la revista *Índice*[,] adonde yo lo traje como un benjamín[3]. Durante una temporada le repasé sus artículos, sus notas[,] pero con el librito *Tres escenas en ángulo recto* ya no

pude. Qué retahíla de vaciedades. Se lo dije y ay[,] apareció el
venenito forrado de dulzura de su lengua. Qué "pequeña alma
miserable"[,] ha escrito uno que lo conoció como yo[,] este jita-
nesco bergamín [*sic*]. Y[¿] por qué, digo yo como me decía Ortega
y Gasset[,] no se atreverán todos a callarlo o a decir siempre la
verdad aunque se nos vuelva todo el mundo falso en contra con
calumnia, mentira y basura? Ahora estamos forzosamente
separados los españoles en dos hemisferios y separados en cada
uno de esos dos hemisferios. Si se hubieran quedado reunidos en
cada hemisferio o en cada zona los que debieran quedarse habría
servido para algo la guerra de España. Otro hemisferio. Que,
como el mío, digo como el que fue mío, tiene un oriente, un
poniente, un norte, un sur, un cenit, un nadir, el sol y la luna
y personas que hacen en él, como yo antes en el mío, su vida
completa, sin pensar nunca quizás en el mío. Y unos estraños
ahora en el hemisferio que le es diferente[,] que proyectan som-
bras raras que no se adhieren a la tierra. Cuántas noches que no
soñaba. Pesadillas corrientes sin encanto o repeticiones de pesa-
dillas. Es curioso cómo se repite una pesadilla, dos, tres, a través
de toda nuestra vida, modificadas sólo en lo esterno por el tiempo
y el espacio que estamos pasando. Pasando. Cómo se va la vida
cuando somos "mayores", qué pesadilla repetida se nos hace de
vez en cuando. A veces un año estraordinariamente movido o
fértil se detiene; entonces parecemos menores y el año[,] como
cuando niños[,] nos parece un siglo[,] pero ni lo fértil ni lo
movido es de nosotros. Antes me iba al sueño como a un espec-
táculo. Yo sabía que iba a soñar, que la vida de mis sueños me
esperaba como un gran palacio natural de par en par en el aire
o en los abismos del mar o la tierra. Yo tenía dos vidas, la de mi
trabajo completo del día y la de mi ocio completo de la noche.
Una dorada con sombras que frecuentaban la luz[,] y otra negra
con luces que abrían la sombra. Las dos me encantaban. El
dormirme era una májica introducción al sueño y al mismo
tiempo la ilusión pasada como un puente sobre la noche, del
trabajo que me esperaba la mañana siguiente[,] ilusión como la
del día de Reyes cuando yo era niño[4]. Qué regalo el poema que
yo iba a contemplar, el libro que iba a volver a cojer. La emoción
de mi trabajo la tengo siempre, pero este no soñar dormido de
algunas temporadas me parece como un castigo singular no

merecido por mí. Anoche, en cambio, tuve una estraordinaria
pesadilla: la insistencia de una frase que se me repetía en mí a
sí misma con una interminable variedad de colores[,] formas y
sentidos[,] porque la frase tenía forma y color como un cuerpo
físico. Cada vez con una rapidez vertijinosa como de un loco
cohete[,] iluminaba en mí un ámbito distinto: "El Gobierno ha
encargado un millón quinientos mil ataúdes", dijo anoche la
radio⁵. Sí, se están llevando mucha jente de este Coral Gables
florido y apacible, profesores de la universidad, médicos,
obreros. Ayer ya se despidió de nosotros el persianero. Iba a
casarse este año pero, dijo, "Hay que dejarlo para el año que
viene". Un año se pasa pronto. Con tal de que no le esté des-
tinado uno de los ataúdes de la frase de mi pesadilla, el millón
y medio. En jeneral hay más conformidad en los mayores que en
los jóvenes, más en los obreros que en los ricos. La juventud
universitaria americana no es hoy la de hace 25 años: es irónica
no idealista[,] pero quién sabe hasta dónde tiene razón su ironía
y su falta de ideal. Este gran país va también a la guerra, todos
lo dicen. Me ha tocado ver en los Estados Unidos las dos "prepa-
raciones", la del 16 y ésta. En 1916 había verdadero entusiasmo
sentimental e ideal. Pero, dicen todos, ¿cómo evitarlo? No, no es
posible evitar la guerra cuando un canalla nos la busca. ¿No
quedará un rincón del mundo en paz? [¿]La paloma de la paz
volará del todo del mundo? Esto es lo que el gorila alemán llama
guerra por la paz. ¡Qué sombra! Mirando la sombra de la fuente
sobre el prado verde pienso en la sombra del mundo. La sombra
está mejor dibujada que el cuerpo mismo que la proyecta, sin
duda porque es una suma del cuerpo y el proyector. ¡Qué
enorme sombra la de esta cabeza mala del mundo!

NOTAS

1. En la otra copia mecanografiada escribió a mano: "(buscarlo en *Tierra nueva*, Méx.)", y en otra hoja manuscrita y tachada señaló: "(Buscar el testo. Lo ¿tengo? en Madrid.)"

2. "Morita Hurí" es un poema en prosa publicado en el quinto cuaderno de *Sucesión* (Madrid, 1932). Relata un sueño en que aparecen un sultán y una muchacha mora. Curiosamente, no se recoge en la edición conjunta de los *Cuadernos* (1960). J. R. preparó un libro titulado *Viajes y sueños,* que quedó inédito, y del que ofrecemos una selección de "sueños" en el apéndice cuarto.

3. Alusión a Zenobia, que tenía los ojos verdes.

4. Es un error. La primera edición abreviada de *Platero y yo* se publicó en diciembre de 1914.

5. El romance "La tierra de Alvargonzález", no como lo escribe J. R., pertenece a *Campos de Castilla,* y está dedicado "Al poeta Juan Ramón Jiménez".

6. Debe de ser un error por Silverio Aguirre, lo que resulta sorprendente porque esa imprenta realizó muchos trabajos para J. R.

7. Estas y otras burlas las comenta Rafael Alberti en su libro *Imagen primera de . . .* (1945), en el capítulo dedicado a J. R.

8. *Poesía (En verso),* Madrid, Juan Ramón Jiménez y Zenobia Camprubí de Jiménez, editores de su propia y sola obra, 1923.

9. "Alrededor de la copa" y "Desvelo" son los dos primeros poemas de *Poesía.* "Toro aún y ya noche" es el verso final de "Las llamas", poema del *Cántico* guilleniano.

10. Lema que J. R. adoptó para sus libros, citado a veces en alemán y otras con traducciones distintas.

11. La conferencia titulada *Política poética,* donde J. R. habla del trabajo gustoso, la leyó Jacinto Vallelado en representación del poeta, durante el acto de inauguración del Instituto del Libro Español. Este organismo la imprimió como folleto en junio de 1936.

12. *Ángeles de Compostela*, sin artículo, se terminó de imprimir en su primera edición en Madrid, el 10 de agosto de 1940, por cuenta de Ediciones Patria. J. R. lo califica de folleto porque sólo tiene 44 páginas, y 8 en cuché ilustradas, aunque en gran formato.

13. Según ha escrito Gerardo Diego en más de una ocasión, fue León Felipe quien le llevó a él a casa de J. R., en marzo de 1920: "Otro día de este mes de marzo, ya investido yo de la dignidad catedrática, me llama Felipe para proponerme ir con él a casa de Juan Ramón, a quien yo no conozco. Ha sido el propio poeta de *Eternidades* el que tiene deseos de conocerme. Y allá vamos. Cuatro horas de conversación, más bien soliloquio del tan excelso como implacable poeta que intenta convencerme de lo errado de mi rumbo y de la necedad, o poco menos, de la poesía de Vicente Huidobro. Yo sostengo, como puedo, mi convicción y León Felipe apenas interviene." (León FELIPE: *Obra poética escogida*, prólogo y selección al cuidado de Gerardo Diego, Madrid, Espasa-Calpe, 1975, pág. 47.) Más adelante escribe J. R. que L. F. le habló del ultraísmo, movimiento creado en diciembre de 1918.

14. Gerardo Diego publicó en 1934 una edición ampliada de la antología *Poesía española, 1915–1931*, aparecida en 1932. J. R. se negó a figurar en la antología de 1934, donde sí está León Felipe, pero no Vicente Huidobro. Para más información sobre esa polémica puede verse mi estudio "Un enfado y dos textos olvidados de Juan Ramón Jiménez", en *La Estafeta Literaria*, núm. 636, Madrid, 15 mayo 1978.

15. *Briznas de yerba* es una traducción de *Leaves of Grass*, que suele verterse como *Hojas de yerba;* "Arroyuelos de ontoño" es una de las secciones del libro.

FRAGMENTO 2

1. Cf. el soneto modernista "Exótica", en *Rimas* (1902). Hay que advertir que J. R. puso unas señales bajo las dos palabras "desde" del párrafo siguiente, con intención de modificar una de ellas para evitar la repetición, según su costumbre.

2. Dice lo mismo en *Espacio*, III, 292.

3. James Joyce murió el 13 de enero de 1941.

FRAGMENTO 3

1. Parece deducirse del texto que J. R. daba por muerto a Rivas Cherif en 1941, lo cual no es exacto. En el original hay aquí un espacio en blanco de seis centímetros.

2. Libro que no llegó a editar y que en otros proyectos tituló *Vida y época*.

3. El Registro Civil de Moguer dice que J. R. nació el 23 de diciembre a las 12 de la noche. (Cf. Francisco GARFIAS: *Juan Ramón Jiménez*, Madrid, Taurus, 1958, pág. 16.) Ese "hoy" al que alude en la escritura era el 24 de enero de 1941.

4. No hace falta decir que se refiere a Zenobia.

5. El poema 47 de *Estío* comienza: "De un incoloro casi verde, / vehemente e inmenso cual mi alma, / me llevaba el ocaso / a todo."

6. En la carta a Pablo Bilbao citada en el prólogo, de fecha 2 de febrero de 1941, le dice: "Leemos también mucho Zenobia y yo, ahora un libro estraordinario, colección de cartas de hombres y mujeres escepcionales, desde Alejandro, Diógenes, San Pablo, Agripina, San Jerónimo, hasta Madame Curie, Emily Dickinson, etc.; pasando por Keats, Beethoven, Poe, etc. Hay unas cartas maravillosas de Eloísa a Pedro Abelardo, de Miguel Ángel y de Leonardo. Una fuente de hermosura." (*Cartas literarias,* Barcelona, Bruguera, 1977, pág. 84.)

FRAGMENTO 4

1. Inés y Leontina son hijas de José Camprubí, el hermano mayor de Zenobia y padrino de su boda, propietario del periódico *La Prensa,* editado en español en Nueva York.

2. J. R. colaboró asiduamente en periódicos españoles e hispanoamericanos, aunque se disgustaba por las erratas con que solían aparecer sus textos (a menudo, correcciones de su peculiar ortografía).

3. En estos últimos párrafos parece hallarse la clave del poema.

4. Compárese con lo que dice en *Espacio,* III, 90.

5. Alude al robo que Félix Rox, Carlos Sentís y Carlos Martínez Barbeito cometieron en su casa madrileña en 1939. Una información completa sobre este asunto puede encontrarse en mi artículo "Saqueo en la casa de Juan Ramón Jiménez. Un botín que no se ha recuperado", publicado en *Interviú,* núm. 252, Barcelona, 12–18 marzo 1981. Hay también alguna documentación en el libro póstumo de J. R. *Guerra en España,* Barcelona, Seix Barral, 1985, aunque el preparador de la edición, el profesor Ángel Crespo, no ha querido o podido indicar más que las iniciales de los asaltantes. La madre de J. R. murió el 1 de setiembre de 1928, en Moguer.

6. Ignoro con certeza de quién se trata; tal vez era un vecino de Moguer conocido por Pepe Tomás.

7. Dice lo mismo en *Espacio,* I, 198. En la carta a Pablo Bilbao citada en la nota 6 del "Fragmento 3" comenta que en el libro que está leyendo "hay unas cartas maravillosas de Eloísa a Pedro Abelardo."

8. Hay un espacio en blanco para las citas que J. R. no completó. Las ideas expresadas en este párrafo se repiten en otros escritos. Por ejemplo, en una carta a José Revueltas fechada el 12 de julio de 1943, le dice: "Pablo Neruda es simbólicamente hipopotámico (recuérdese el "Hipopótamo" de T. S. Eliot, tan inspirado, por otra parte, en "El niño negro", de Blake)." (*Cartas literarias,* ed. cit., pág. 49.) Pueden verse dos comentarios extensos de J. R. sobre Eliot: uno, encabezado sólo con el nombre del poeta, lo di a conocer

en mi edición de *Crítica paralela*, Madrid, Narcea, 1975, págs. 257 y s., y el otro, titulado "Eliot, monstruo político y social", lo rescaté en *Nueva Estafeta*, núm. 37, Madrid, diciembre 1981.

FRAGMENTO 5

1. Así en el original, sin duda para completar las inexactitudes advertidas en el retrato de Ramón; puede leerse en *Retratos completos*, Madrid, Aguilar, 1961, págs. 267 y s., como diversión, ya que no como información. Los dos escritores mantuvieron una buena amistad epistolar mientras J. R. vivía en Moguer; cuando regresó a Madrid en diciembre de 1912, Ramón fue a esperarle a la estación, y desde entonces la amistad se enfrió.

2. Debe de referirse probablemente a Gertrud von Le Fort.

3. Lou Andreas-Salomé, naturalmente.

4. Cuando J. R. regresó a Moguer, en mayo de 1900, dejó en poder de Villaespesa los originales de sus versos para que se encargase de editarlos. En setiembre aparecieron, en efecto, *Ninfeas y Almas de violeta*, llenos de dedicatorias a personas que en muchos casos su autor desconocía. Hasta diciembre de 1900 no cumplió J. R. 19 años.

5. Cuando Félix Ros, Carlos Sentís y Carlos Martínez Barbeito allanaron el piso madrileño de Zenobia y J. R., en 1939, no sólo se llevaron manuscritos del poeta y cartas dirigidas a él por escritores famosos, sino también objetos de arte y cuadros, entre ellos el retrato pintado por Vázquez Díaz, que nunca se recuperó. Muchos de los libros robados tenían dedicatorias de sus autores a J. R., y se vendieron en librerías de viejo madrileñas.

6. La página 30 del original sólo tiene escrita media línea a máuina, y sigue la nota manuscrita. Las cartas que pensó copiar han de ser por fuerza las del libro que dijo estar leyendo en su propia carta a Pablo Bilbao, tantas veces citada aquí.

FRAGMENTO 6

1. Esa fecha entre paréntesis me resulta incomprensible, puesto que el texto data de 1941, como se ha demostrado sobradamente. Está manuscrita en números pequeños, colocada sobre la última palabra. A continuación hay un blanco de 2,5 centímetros, y sigue un párrafo de cinco líneas y media mecanografiadas, sin relación directa con el texto anterior y sin final. Otro blanco de dos centímetros y otro párrafo de cinco líneas y media concluyen la página 35, última de las foliadas a mano por J. R.

2. Anticipo de lo que dirá por extenso en *Animal de fondo* (1949); por ejemplo, en el segundo poema: "Si yo, por ti, he creado un mundo para ti, / dios, tú tenías seguro que venir a él, / y tú has venido a él, a mí seguro, / porque mi mundo todo era mi esperanza."

FRAGMENTO 7

1. Editorial Séneca, S. A. de Publicaciones, dirigida en México, D. F., por José Bergamín, publicó en 1940 *España, aparta de mí este cáliz,* con prólogo de Juan Larrea; la segunda edición aumentada de *La realidad y el deseo,* y las *Obras* de Machado dirigidas y prologadas por José Bergamín, al cuidado tipográfico de Emilio Prados, con un poema de Rubén Darío. También editó *Laurel, antología de la poesía lírica moderna de lengua española,* en la que se incluyeron poemas de J. R. a pesar de su negativa.

2. Debajo de las palabras "circunstancia" y "circunstancias" se aprecia una señal. En diez líneas del original aparecía tres veces "circunstancia" (después sustituyó una por "realidad") y una vez "circunstancias", y todavía en la última línea de esta página menciona de nuevo "circunstancias". Esa señal indica el deseo de J. R. de modificar la palabra por otra. Más abajo sucede lo mismo con la palabra "bien", que está repetida.

3. Y podía añadir J. R. que en 1923 le editó *El cohete y la estrella* en su colección Índice (Bibliotecá de Definición y Concordia), donde hace el número 2. En *Selección de cartas,* Barcelona, Picazo, 1973, pueden leerse por extenso las opiniones de J. R. sobre Editorial Séneca y Bergamín (págs. 155 a 165). Improperios sobre Bergamín se hallan en otros muchos escritos juan-ramonianos.

4. Parece una transcripción en prosa del poema 17 de *Eternidades* (1918): "El dormir es como un puente / que va del hoy al mañana. / Por debajo, como un sueño, / pasa el agua."

5. Hasta aquí, igual que en otros textos diversos, J. R. escribió "el radio", refiriéndose al aparato de radio; pero en este lugar utilizó el artículo femenino.

ESPACIO

(3 estrofas)

———— • ————

FRAGMENTO PRIMERO
(Sucesión)

———— • ————

FRAGMENTO SEGUNDO
(Cantada)

———— • ————

FRAGMENTO TERCERO
(Sucesión)

———— • ————

(Por La Florida,
1941–1942
1954)

(A Gerardo Diego, que fue justo al situar, como crítico, el "Fragmento primero" de este "Espacio", cuando se publicó, hace años, en Méjico. Con agradecimiento lírico por la constante honradez de sus reacciónes.)

FRAGMENTO PRIMERO
Sucesión

"Los DIOSES no tuvieron más sustancia que la que tengo yo". Yo tengo, como ellos, la sustancia de todo lo vivido y de todo lo porvivir. No soy presente sólo, sino fuga raudal de cabo a fin. Y lo que veo, a un lado y otro, en esta fuga (rosas, restos de alas, sombra y luz) es sólo mío, recuerdo y ansia míos, presentimiento, olvido. ¿Quién sabe más que yo, quién, qué hombre o qué dios, puede, ha podido, podrá decirme a mí qué es mi vida y mi muerte, qué no es? Si hay quien lo sabe, yo lo sé más que ése, y si quien lo ignora, más que ése lo ignoro. Lucha entre este ignorar y este saber es mi vida, su vida, y es la vida. Pasan vientos como pájaros, pájaros igual que flores, flores soles y lunas, lunas soles como yo, como almas, como cuerpos, cuerpos como la muerte y la resurrección; como dioses. Y soy un dios sin espada, sin nada de lo que hacen los hombres con su ciencia; sólo con lo que es producto de lo vivo, lo que se cambia todo; sí, de fuego o de luz, luz. ¿Por qué comemos y bebemos otra cosa que luz o fuego? Como yo he nacido en el sol, y del sol he venido aquí a la sombra, ¿soy de sol, como el sol alumbro?, y mi nostaljia, como la de la luna, es haber sido sol de un sol un día y reflejarlo sólo ahora. Pasa el iris cantando como canto yo. Adiós iris, iris, volveremos a vernos, que el amor es uno y solo y vuelve cada día.

¿Qué es este amor de todo, cómo se me ha hecho en el sol, con el sol, en mí conmigo? Estaba el mar tranquilo, en paz el cielo, luz divina y terrena los fundía en clara, plata, oro inmensidad, en doble y sola realidad; una isla flotaba entre los dos, en los dos y en ninguno, y una gota de alto iris perla gris temblaba en ella. Allí estará temblándome el envío de lo que no me llega nunca de otra parte. A esa isla, ese iris, ese canto yo iré, esperanza májica, esta noche. ¡Qué inquietud en las plantas al sol puro, mientras, de vuelta a mí, sonrío volviendo ya al jardín abandonado! ¿Esperan más que verdear, que florear y que frutar; esperan, como un yo, lo que me espera; más que ocupar el sitio que ahora ocupan en la luz, más que vivir como ya viven, como vivimos; más que quedarse sin luz, más que dormirse y despertar? Enmedio hay, tiene que haber un punto, una salida; el sitio del seguir más verdadero, con nombre no inventado, diferente de eso que es diferente e inventado, que llamamos, en nuestro desconsuelo, Edén, Oasis, Paraíso, Cielo, pero que no lo es, y que sabemos que no lo es, como los niños saben que no es lo que no es que anda con ellos. Contar, cantar, llorar, vivir acaso; "elojio de las lágrimas", que tienen (Schubert, perdido entre criados por un dueño) en su iris roto lo que no tenemos, lo que tenemos roto, desunido. Las flores nos rodean de voluptuosidad, olor, color y forma sensual; nos rodeamos de ellas, que son sexos de colores, de formas, de olores diferentes; enviamos un sexo en una flor, dedicado presente de oro de ideal, a un amor virjen, a un amor probado; sexo rojo a un glorioso; sexos blancos a una novicia; sexos violetas a la yacente. Y el idioma, ¡qué confusión!, qué cosas nos decimos sin saber lo que nos decimos. Amor, amor, amor (lo cantó Yeats) "amor en el lugar del escremento". ¿Asco de nuestro ser, nuestro principio y nuestro fin; asco de aquello que más nos vive y más nos muere? ¿Qué es, entonces, la suma que no resta; dónde está, matemático celeste, la suma que es el todo y que no acaba? Hermoso es no tener lo que se tiene, nada de lo que es fin para nosotros, es fin, pues que se vuelve contra nosotros, y el verdadero fin nunca se nos vuelve. Aquel chopo de luz me lo decía, en Madrid, contra el aire turquesa del otoño: "Termínate en ti mismo como yo". Todo lo que volaba alrededor, ¡qué raudo era!, y él qué insigne con lo suyo, verde y oro, sin mejor en el oro que en lo verde. Alas, cantos, luz, palmas, olas, frutas me rodean, me envuelven en su ritmo, en su gracia, en su fuerza delicada; y yo me olvido de mí entre ello, y bailo y canto y río y lloro por los otros, embriagado. ¿Esto es vivir? ¿Hay otra cosa más que este vivir de cambio y gloria? Yo oigo siempre esa música que suena en el fondo de todo, más allá; ella es la que me llama desde el mar, por la calle, en el sueño. A su aguda y serena desnudez, siempre estraña y sencilla, el ruiseñor es sólo un calumniado prólogo. ¡Qué letra, universal, luego, la suya! El músico mayor la ahuyenta. ¡Pobre del hombre si la mujer oliera, supiera siempre a rosa! ¡Qué dulce la mujer normal, qué tierna, qué suave (Villon), qué forma de las formas, qué esencia, qué sustancia de las sustancias, las esencias; qué lumbre de las lumbres; la mujer, madre, hermana, amante! Luego, de pronto, esta dureza de ir más allá de la mujer, de la mujer que es nuestro todo, donde debiera terminar nuestro horizonte. Las copas de veneno, ¡qué tentadoras son!, y son de flores, yerbas y hojas. Estamos rodeados de veneno que nos arrulla como el viento, arpas de luna y sol en ramas tiernas, colgaduras ondeantes, venenosas, y pájaros en ellas, como estrellas de cuchillo; veneno todo, y el veneno nos deja a veces no matar. Eso es dulzura, dejación de un mandato, y eso es pausa y escape. Entramos por los robles melenudos; rumoreaban su vejez cascada, oscuros, rotos, huecos, monstruosos, con colgados de telarañas fúnebres; el viento les mecía las melenas, en medrosos, estraños ondeajes, y entre ellos, por la sombra baja, honda, venía el rico olor del azahar de las tierras naranjas, grito ardiente con gritillos blancos de muchachas y niños. ¡Un árbol paternal, de vez en cuando, junto a una casa, sola en un desierto (seco y lleno de cuervos; aquel tronco huero, gris, lacio, a la salida del verdor profuso, con aquel cuervo muerto, suspendido por una pluma de una astilla, y los cuervos aún vivos posados ante él, sin atreverse a picotarlo, serios)[!] Y un árbol sobre un río. ¡Qué honda vida la de estos árboles; qué personalidad, qué inmanencia, qué calma, qué llenura de corazón total queriendo darse (aquel camino que partía en dos aquel pinar que se anhelaba)! Y por la noche, ¡qué rumor de primavera interna en sueño negro! ¡Qué amigo un árbol, aquel pino, verde, grande, pino redondo, verde, junto a la casa de mi Fuentepiña! Pino de la corona ¿dónde estás? ¿estás más lejos que si yo estuviera lejos? ¡Y qué canto me arrulla tu copa milenaria, que cobijaba pueblos y alumbraba de su forma rotunda y vijilante al marinero! La música mejor es la que suena y calla, que aparece y desaparece, la que concuerda, en un "de pronto", con nuestro oír más distraído. Lo que fue esta mañana ya no es, ni ha sido más que en mí; gloria suprema, escena fiel, que yo, que la creaba, creía de otros más que de mí mismo. Los otros no lo vieron; mi nostaljia, que era de estar con ellos, era de estar conmigo, en quien estaba. La gloria es como es, nadie la mueva, no hay nada que quitar ni que poner, y el dios actual está muy lejos, distraído también con tanta menudencia grande que le piden. Si acaso, en sus momentos de jardín, cuando acoje al niño libre, lo único grande que ha creado, se encuentra pleno en un sí pleno. Qué bellas estas flores secas sobre la yerba fría del jardín que ahora es nuestro. ¿Un libro, libro? Bueno es dejar un libro grande a medio leer, sobre algún banco, lo grande que termina; y hay que darle una lección al que lo quiere terminar, al que pretende que lo terminemos. Grande es lo breve, y si queremos ser y parecer más grandes, unamos sólo con amor, no cantidad. El mar no es más que gotas unidas, ni el amor que murmullos unidos, ni tú, cosmos, que cosmillos unidos. Lo más bello es el átomo último, el solo indivisible, y que por serlo no es ya más, pequeño. Unidad de unidades es lo uno; ¡y qué viento más plácido levantan esas nubes menudas al cenit; qué dulce luz es esa suma roja única! Suma es la vida suma, y dulce. Dulce como esta luz era el amor; ¡qué plácido este amor también! Sueño ¿he dormido? Hora celeste y verde toda; y solos. Hora en que las paredes y las puertas se desvanecen como agua, aire, y el alma sale y entra en todo, de y por todo, con una comunicación de luz y sombra. Todo se ve a la luz de dentro, todo es dentro, y las estrellas no son más que chispas de nosotros que nos amamos, perlas bellas de nuestro roce fácil y tranquilo. ¡Qué luz tan buena para nuestra vida y nuestra eternidad! El riachuelo iba hablando bajo por aquel barranco, entre las tumbas, casas de las laderas verdes; valle dormido, valle adormilado. Todo estaba en su verde, en su flor; los mismos muertos en verde y flor de muerte; la piedra misma estaba en verde y flor de piedra. Allí se entraba y se salía como en el lento anochecer, del lento amanecer. Todo lo rodeaban piedra, cielo, río; y cerca el mar, más muerte que la tierra, el mar lleno de muertos de la tierra, sin casa, separados, engullidos por una variada dispersión. Para acordarme de por qué he nacido, vuelvo a ti, mar. "El mar que fue mi cuna, mi gloria y mi sustento; el mar eterno y solo que me llevó al amor"; y del amor es este mar que ahora viene a mis manos, ya más duras, como un cordero blanco a beber la dulzura del amor. Amor el de Eloísa; ¡qué ternura, qué sencillez, qué realidad perfecta! Todo claro y nombrado con su nombre en llena castidad. Y ella, enmedio de todo, intacta de lo bajo entre lo pleno. Si tu mujer, Pedro Abelardo, pudo ser así, el ideal existe, no hay que falsearlo. Tu ideal existió; ¿por qué lo falseaste, necio Pedro Abelardo? Hombres, mujeres, hombres, hay que encontrar el ideal, que existe. Eloísa, Eloísa ¿en qué termina el ideal, y di, qué eres tú ahora y dónde estás? ¿Por qué, Pedro Abelardo vano, la mandaste al convento y tú te fuiste con los monjes plebeyos, si ella era, el centro de tu vida, su vida, de la vida, y hubiera sido igual contigo ya capado, que antes ¿si era el ideal? No lo supiste, yo soy quien lo vio, desobediencia de la dulce obediente, plena gracia. Amante, madre, hermana, niña tú, Eloísa; qué bien te conocías y te hablabas, qué tiernamente te nombrabas a él; ¡y qué azucena verdadera fuiste! Otro hubiera podido oler la flor de la verdad fatal que te dio tu tierra. No estaba seco el árbol del invierno, como se dice, y yo creí en mi juventud; como yo, tiene el verde, el oro, el grana en la raíz y dentro, muy adentro, tanto que llena de color doble infinito. Tronco de invierno soy, que en la muerte va a dar de sí la copa doble llena que ven sólo como es los deseados. Vi un tocón, a la orilla del mar neutro; arrancado del suelo, era como un muerto animal; la muerte daba a su quietud seguridad de haber estado vivo; sus arterias cortadas con el hacha, echaban sangre todavía. Una miseria, un rencor de haber sido arrancado de la tierra, salía de su entraña endurecida y se espandía con el agua y por la arena, hasta el cielo infinito, azul. La muerte, y sobre todo, el crimen, da igualdad a lo vivo, lo más y menos vivo, y lo menos parece siempre, con la muerte, más. No, no era todo menos, como dije un día, "todo es menos"; todo era más, y por haberlo sido, es más morir para ser más, del todo más. ¿Qué ley de vida juzga con su farsa a la muerte sin ley y la aprisiona en la impotencia? ¡Sí, todo, todo ha sido más y todo será más! No es el presente sino un punto de apoyo o de comparación, más breve

cada vez; y lo que deja y lo que coje, más, más grande. No, ese
perro que ladra al sol caído, no ladra en el Monturrio de Moguer,
ni cerca de Carmona de Sevilla, ni en la calle Torrijos de Madrid;
ladra en Miami, Coral Gables, La Florida, y yo lo estoy oyendo
allí, allí, no aquí, no aquí, allí, allí. ¡Qué vivo ladra siempre el
perro al sol que huye! Y la sombra que viene llena el punto
redondo que ahora pone el sol sobre la tierra, como un agua su
fuente, el contorno en penumbra alrededor; después, todos los
círculos que llegan hasta el límite redondo de la esfera del
mundo, y siguen, siguen. Yo te oí, perro, siempre, desde mi
infancia, igual que ahora; tú no cambias en ningún sitio, eres
igual a ti mismo, como yo. Noche igual, todo sería igual si lo
quisiéramos, si serlo lo dejáramos. Y si dormimos, ¡qué aban-
donada queda la otra realidad! Nosotros les comunicamos a las
cosas nuestra inquietud de día, de noche nuestra paz. ¿Cuándo,
cómo duermen los árboles? "Cuando los deja el viento dormir",
dijo la brisa. Y cómo nos precede, brisa quieta y gris, el perro
fiel cuando vamos a ir de madrugada adonde sea, alegres o pesa-
dos; él lo hace todo, triste o contento, antes que nosotros. Yo
puedo acariciar como yo quiera a un perro, un animal cualquier,
y nadie dice nada; pero a mis semejantes no; no está bien visto
hacer lo que se quiera con ellos, si lo quieren como un perro.
Vida animal ¿hermosa vida? ¡Las marismas llenas de bellos seres
libres, que me esperan en un árbol, un agua o una nube, con su
color, su forma, su canción, su jesto, su ojo, su comprensión
hermosa, dispuestos para mí que los entiendo! El niño todavía
me comprende, la mujer me quisiera comprender, el hombre
. . . no, no quiero nada con el hombre, es estúpido, infiel, descon-
fiado; y cuando más adulador, científico. Cómo se burla la
naturaleza del hombre, de quien no la comprende como es. Y
todo debe ser o es echarse a dios y olvidarse de todo lo creado
por dios, por sí, por lo que sea. "Lo que sea", es decir, la verdad
única, yo te miro como me miro a mí y me acostumbro a toda
tu verdad como a la mía. Contigo, "lo que sea", soy yo mismo,
y tú, tú mismo, misma, "lo que seas". ¿El canto? ¡El canto, el
pájaro otra vez! ¡Ya estás aquí, ya has vuelto, hermosa, hermoso,
con otro nombre, con tu pecho azul, gris cargado de diamante!
¿De dónde llegas tú, tú en esta tarde gris con brisa cálida? ¿Qué
dirección de luz y amor sigues entre las nubes de oro cárdeno?

Ya has vuelto a tu rincón verde, sombrío. ¿Cómo tú, tan pequeño, di, lo llenas todo y sales por el más? Sí, sí, una nota de una caña, de un pajaro, de un niño, de un poeta, lo llena todo y más que el trueno. El estrépito encoje, el canto agranda. Tú y yo, pájaro, somos uno; cántame, canta tú, que yo te oigo, que mi oído es tan justo por tu canto. Ajústame tu canto más a este oído mío que espera que lo llenes de armonía. ¡Vas a cantar! toda otra primavera, vas a cantar. ¡Otra vez tú, otra vez la primavera! ¡Si supieras lo que eres para mí! ¿Cómo podría yo decirte lo que eres, lo que eres tú, lo que soy yo, lo que eres para mí? ¡Cómo te llamo, cómo te escucho, cómo te adoro, hermano eterno, pájaro de la gracia y de la gloria, humilde, delicado, ajeno; ánjel del aire nuestro, derramador de música completa! Pájaro, yo te amo como a la mujer, a la mujer, tu hermana más que yo. Sí, bebe ahora el agua de mi fuente, pica la rama, salta lo verde, entra, sal, rejistra toda tu mansión de ayer; ¡mírame bien a mí, pájaro mío, consuelo universal de mujer y hombre! Vendrá la noche inmensa, abierta toda en que me cantarás del paraíso, en que me harás el paraíso, aquí, yo, tú, aquí, ante el echado insomnio de mi ser. Pájaro, amor, luz, esperanza; nunca te he comprendido como ahora; nunca he visto tu dios como hoy lo veo, el dios que acaso fuiste tú y que me comprende. "Los dioses no tuvieron más sustancia que la que tienes tú". ¡Qué hermosa primavera nos aguarda en el amor, fuera del odio! ¡Ya soy feliz! ¡El canto, tú y tu canto! El canto . . . Yo vi jugando al pájaro y la ardilla, al gato y la gallina, al elefante y al oso, al hombre con el hombre. Yo vi jugando al hombre con el hombre, cuando el hombre cantaba. No, este perro no levanta los pájaros, los mira, los comprende, los oye, se echa al suelo, y calla y sueña ante ellos. ¡Qué grande el mundo en paz, qué azul tan bueno para el que puede no gritar, puede cantar; cantar y comprender y amar! ¡Inmensidad, en ti y ahora vivo; ni montañas, ni casi piedra, ni agua, ni cielo casi; inmensidad, y todo y sólo inmensidad; esto que abre y que separa el mar del cielo, el cielo de la tierra, y, abriéndolos y separándolos, los deja más unidos y cercanos, llenando con lo lleno lejano la totalidad! ¡Espacio y tiempo y luz en todo yo, en todos y yo y todos! ¡Yo con la inmensidad! Esto es distinto; nunca lo sospeché y ahora lo tengo. Los caminos son sólo entradas o salidas de luz, de sombra, sombra y luz; y todo vive en ellos para que sea más inmenso yo, y tú seas. ¡Que regalo de mundo, qué universo májico, y todo para todos, para mí, yo! ¡Yo, universo inmenso, dentro, fuera de ti, segura inmensidad! Imájenes de amor en la presencia concreta; suma gracia y gloria de la imajen, ¿vamos a hacer eternidad, vamos a hacer la eternidad, vamos a ser eternidad, vamos a ser la eternidad? ¡Vosotras, yo, podemos crear la eternidad una y mil veces, cuando queramos! ¡Todo es nuestro y no se nos acaba nunca! ¡Amor, contigo y con la luz todo se hace, y lo que haces amor, no acaba nunca!

FRAGMENTO SEGUNDO
(Cantada)

"Y PARA RECORDAR por qué he vivido", vengo a ti, río Hudson de mi mar. "Dulce como esta luz era el amor . . ." "Y por debajo de Washington Bridge (el puente más con más de esta New York) pasa el campo amarillo de mi infancia". Infancia, niño vuelvo a ser y soy, perdido, tan mayor, en lo más grande. Leyenda inesperada: "dulce como la luz es el amor", y esta New York es igual que Moguer, es igual que Sevilla y que Madrid. Puede el viento, en la esquina de Broadway, como en la Esquina de las Pulmonías de mi calle Rascón, conmigo; y tengo abierta la puerta donde vivo, con sol dentro. "Dulce como este sol era el amor." Me encontré al instalado, le reí, y me subí al rincón provisional, otra vez, de mi soledad y mi silencio, tan igual en el piso 9 y sol, al cuarto bajo de mi calle y cielo. "Dulce como este sol es el amor." Me miraron ventanas conocidas con cuadros de Murillo. En el alambre de lo azul, el gorrión universal cantaba, el gorrión y yo cantábamos, hablábamos; y lo oía la voz de la mujer en el viento del mundo. ¡Qué rincón ya para suceder mi fantasía! El sol quemaba el sur del rincón mío, y en el lunar menguante de la estera, crecía dulcemente mi ilusión queriendo huir de la dorada mengua. "Y por debajo de Washington Bridge, el puente más amigo de New York, corre el campo dorado de mi infancia . . ." Bajé lleno a la calle, me abrió el viento la ropa, el corazón; vi caras buenas. En el jardín de St. John the Devine, los chopos verdes eran de Madrid; hablé con un perro y un gato en español; y los niños del coro, lengua eterna, igual del paraíso y de la luna, cantaban, con campanas de San Juan, en el rayo de sol derecho, vivo, donde el cielo flotaba hecho armonía violeta y oro; iris ideal que bajaba y subía, que bajaba . . . "Dulce como este sol era el amor." Salí por Amsterdam, estaba allí la luna (Morningside); el aire ¡era tan puro! frío no, fresco, fresco; en él venía vida de primavera nocturna, y el sol estaba dentro de la luna y de mi cuerpo, el sol presente, el sol que nunca más me dejaría los huesos solos, sol en sangre y él. Y entré cantando ausente en la arboleda de la noche y el río que se iba bajo Washington Bridge con sol aún, hacia mi España por mi oriente, a mi oriente de mayo de Madrid; un sol ya muerto, pero vivo; un sol presente, pero ausente; un sol rescoldo de vital carmín, un sol carmín vital en el verdor; un sol vital en el verdor ya negro, un sol en el negror ya luna; un sol en la gran luna de carmín; un sol de gloria nueva, nueva en otro Este; un sol de amor y de trabajo hermoso; un sol como el amor . . . "Dulce como este sol era el amor".

FRAGMENTO TERCERO
(Sucesión)

"Y PARA RECORDAR por qué he venido", estoy diciendo yo. "Y para recordar por qué he nacido", conté yo un poco antes, ya por La Florida. "Y para recordar por qué he vivido", vuelvo a ti mar, pensé yo en Sitjes, antes de una guerra, en España, del mundo. ¡Mi presentimiento! Y entonces, marenmedio, mar, más mar, eterno mar, con su luna y su sol eternos por desnudos, como yo, por desnudo, eterno; el mar que me fue siempre vida nueva, paraíso primero, primer mar. El mar, el sol, la luna, y ella y yo, Eva y Adán, al fin y ya otra vez sin ropa, y la obra desnuda y la muerte desnuda, que tanto me atrajeron. Desnudez es la vida y desnudez la sola eternidad . . . Y sin embargo, están, están, están, están llamándonos a comer, gong, gong, gong, gong, en este barco de este mar, y hay que vestirse en este mar, en esta eternidad de Adán y Eva, Adán de smoking, Eva . . . Eva se desnuda para comer como para bañarse; es la mujer y la obra y la muerte, es la mujer desnuda, eterna metamórfosis. ¡Qué estraño es todo esto, mar, Miami! No, no fue allí en Sitjes, Catalonia, Spain, en donde se me apareció mi mar tercero, fue aquí ya; era este mar, este mar mismo, mismo y verde, verdemismo; no fue el Mediterráneo azulazulazul, fue el verde, el gris, el negro Atlántico de aquella Atlántida. Sitjes fue, donde vivo ahora, Maricel, esta casa de Deering, española, de Miami, esta Villa Vizcaya aquí de Deering, española aquí en Miami, aquí, de aquella Barcelona. Mar, y ¡qué estraño es todo esto! No era España, era La Florida de España, Coral Gables, donde está la España esta abandonada por los hijos de Deering (testamentaría inaceptable) y aceptada por mí; esta España (Catalonia, Spain) guirnaldas de morada bugainvilia por las rejas. Deering, vivo destino. Ya está Deering muerto y trasmutado. Deering Destino Deering, fuiste clarividencia mía de ti mismo, tú (y quién habría de pensarlo cuando yo, con Miguel Utrillo y Santiago Rusiñol, gozábamos las blancas salas soleadas, al lado de la iglesia, en aquel cabo donde quedó tan pobre el "Cau Ferrat" del Ruiseñor bohemio de albas barbas no lavadas). Deering, sólo el Destino es inmortal, y por eso te hago a ti inmortal, por mi Destino. Sí, mi Destino es inmortal y yo, que aquí lo escribo, seré inmortal igual que mi Destino, Deering. Mi Destino soy yo y nada y nadie más que yo; por eso creo en Él y no me opongo a nada suyo, a nada mío, que Él es más que los dioses de siempre, el dios otro, rejidos, como yo por el Destino, repartidor de la sustancia con la esencia. En el principio fue el Destino, padre de la Acción y abuelo o bisabuelo o algo más allá, del Verbo. Levo mi ancla, por lo tanto, izo mi vela para que sople Él más fácil con su viento por los mares serenos o terribles, atlánticos, mediterráneos, pacíficos o los que sean, verdes, blancos, azules, morados, amarillos, de un color o de todos los colores. Así lo hizo, aquel enero, Shelley, y no fue el oro, el opio, el vino, la ola brava, el nombre de la niña lo que se lo llevó por el trasmundo del trasmar: Arroz de Buda; Barrabás de Cristo; yegua de San Pablo; Longino de Zenobia de Palmyra; Carlyle de Keats; Uva de Anacreonte; George Sand de Efebos; Goethe de Schiller (según dice el libro de la mujer suiza); Ómnibus de Curie; Charles Maurice de Gauguin; Caricatura infame (*Heraldo de Madrid*) de Federico García Lorca; Pieles del Duque de T'Serclaes y Tilly (el bonachero sevillano) que León Felipe usó después en la Embajada mejicana, bien seguro; Gobierno de Negrín, que abandonara al retenido Antonio Machado enfermo ya, con su madre octojenaria y dos duros en el bolsillo, por el helor del Pirineo, mientras él con su corte huía tras el oro guardado en la Banlieu, en Rusia, en Méjico, en la nada . . . Cualquier forma es la forma que el Destino, forma de muerte o vida, forma de toma y deja, deja, toma; y es inútil huirla ni buscarla. No era aquel auto disparado que rozó mi sien en el camino de Miami, pórtico herreriano de baratura horrible, igual que un sólido huracán; ni aquella hélice de avión que sorbió mi ser completo y me dejó ciego, sordo, mudo en Barajas, Madrid, aquella madrugada sin Paquita Pechère; ni el doctor Amory con su inyección en Coral Gables, Alhambra Circle, y luego con colapso al hospital; ni el papelito sucio, cuadradillo añil, de la denuncia a lápiz contra mí, Madrid en guerra, el buzón de aquel blancote de anarquista, que me quiso juzgar, con crucifijo y todo, ante la mesa de la biblioteca que fue un día de Nocedal (don Cándido); y que murió la tarde aquella con la bala que era para él (no para mí) y la pobre mujer que se cayó con él, más blanca que mis dientes que me salvaron por blancos; más que él, más limpia, el sucio panadero, en la acera de la calle de Lista, esquina de la de Velázquez. No, no era, no era, no era aquel Destino mi Destino de muerte todavía. Pero, de pronto, ¿qué inminencia alegre, mala, indiferente, absurda? Ya pasó lo anterior y ya está, en este aquí, este esto, aquí está esto, y ya, y ya estamos nosotros, igual que en una pesadilla náufraga o un sueño dulce, claro, embriagador, con ello. La ánjela de la guarda nada puede contra la vijilancia exacta, contra el exacto dictar y decidir, contra el exacto obrar de mi Destino. Porque el Destino es natural, y artificial el ánjel, la ánjela. Esta inquietud tan fiel que reina en mí, que no es del corazón, ni del pulmón, ¿de dónde es? Ritmo vejetativo es, (lo dijo Achúcarro primero y luego Marañón) mi tercer ritmo, más cercano, Goethe, Claudel, al de la poesía, que los vuestros. Los versos largos vuestros, cortos, vuestros, con el pulso de otra o con el pulmón propio. ¡Cómo pasa este ritmo, este ritmo, río mío, fuga de faisán de sangre ardiendo por mis ojos, naranjas voladoras de dos pechos en uno, y qué azules, qué verdes y qué oros diluidos en rojo, a qué compases infinitos! Deja este ritmo timbres de aires y de espumas en los oídos, y sabores de ala y de nube en el quemante paladar, y olores a piedra con rocío, y tocar, cuerdas de olas. Dentro de mí hay uno que está hablando, hablando, hablando ahora. No lo puedo callar, no se puede callar. Yo quiero estar tranquilo con la tarde, esta tarde de loca creación, (no se deja callar, no lo dejo callar). Quiero el silencio en mi silencio, y no lo sé callar a éste, ni se sabe callar.

¡Calla, segundo yo, que hablas como yo y que no hablas como yo;
calla, maldito! Es como el viento ese con la ola; el viento que se
hunde con la ola inmensa; ola que sube inmensa con el viento;
¡y qué dolor de olor y de sonido, qué dolor de color, y qué dolor
de toque, de sabor de ámbito de abismo! ¡De ámbito de abismo!
Espumas vuelan, choque de ola y viento, en mil primaverales
verdes blancos, que son festones de mi propio ámbito interior.
Vuelan las olas y los vientos pesan, y los colores de ola y viento
juntos cantan, y los olores fuljen reunidos, y los sonidos todos
son fusión, fusión y fundición de gloria vista en el juego del
viento con la mar. Y ése era el que hablaba, qué mareo, ése era
el que hablaba, y era el perro que ladraba en Moguer, en la
primera estrofa. Como en sueños, yo soñaba una cosa que era
otra. Pero si yo no estoy aquí con mis cinco sentidos, ni el mar
ni el viento son viento ni mar; no están gozando viento y mar
si no los veo, si no los digo y lo escribo que lo están. Nada es la
realidad sin el Destino de una conciencia que la realiza. Memoria
son los sueños, pero no voluntad ni intelijencia. ¿No es verdad,
ciudad grande de este mundo? ¿No es verdad, di, ciudad de la
unidad possible, donde vivo? ¿No es verdad la posible unidad,
aunque no gusten los desunidos por Color o por Destino, por
Color que es Destino? Sí, en la ciudad del sur ya, persisten estos
claros de campo rojiseco, igual que en mí persisten, hombre
pleno, las trazas del salvaje en cara y mano y en vestido; y el
salvaje de la ciudad dormita en ellos su civilización olvidada,
olvidando las reglas, las prohibiciones y las leyes. Allí el papel
tirado, inútil crítica, cuento estéril, absurda poesía; allí el vientre
movido al lado de la flor, y si la soledad es hora sola, el pleno
ayuntamiento de la carne con la carne, en la acera, en el jardín
llenos de otros. El negro lo prefiere así también, y allí se iguala
al blanco con el sol en su negrura él, y el blanco negro con el sol
en su blancura, resplandor que conviene más, como aureola, al
alma que es un oro en veta como mina. Allí los naturales tesoros
valen más, el agua tanto como el alma; el pulso tanto como el
pájaro, como el canto del pájaro; la hoja tanto como la lengua.
Y el hablar es lo mismo que el rumor de los árboles, que es
conversación perfectamente comprensible para el blanco y el
negro. Allí el goce y el deleite, y la risa, y la sonrisa, y el llanto
y el sonlloro son iguales por fuera que por dentro; y la negra más

joven, esta Ofelia que, como la violeta silvestre oscura, es
delicada en sí sin el colejio ni el concierto, sin el museo ni iglesia,
se iguala con el rayo de luz que el sol echa en su cama, y le hace
iris la sonrisa que envuelve un corazón de igual color por dentro
que el negro pecho satinado, corazón que es el suyo, aunque el
blanco no lo crea. Allí la vida está más cerca de la muerte, la vida
que es la muerte en movimiento, porque es la eternidad de lo
creado, el nada más, el todo, el nada más y el todo confundidos;
el todo por la escala del amor en los ojos hermosos que se anegan
en sus aguas mismas, unos en otros, grises o negros como los
colores del nardo y de la rosa; allí el canto del mirlo libre y la
canaria presa, los colores de la lluvia en el sol, que corona la
tarde, sol lloviendo. Y los más desgraciados, los más tristes vie-
nen a consolarse de los fáciles, buscando los restos de su casa de
Dios entre lo verde abierto, ruina que persiste entre la piedra
prohibitoria más que la piedra misma; y en la congregación del
tiempo en el espacio, se reforma una unidad mayor que la de los
fronteros escojidos. Allí se escoje bien entre lo mismo ¿mismo?
La mueblería estraña, sillón alto redicho, contornado, presi-
dente incómodo, la alfombra con el polvo pelucoso de los siglos;
la estantería de cuarenta pisos columnados, con los libros en
orden de disminución, pintados o cortados a máquina, con el
olor a gato; y las lámparas secas con camellos o timones; los
huevos por perillas en las puertas; los espejos opacos inclinados
en marco cuádruple, pegajoso barniz, hierro mohoso; los cajones
manchados de jarabe (Baudelaire, hermosa taciturna, Poe).
Todos somos actores aquí, y sólo actores, y el teatro es la ciudad,
y el campo y el horizonte ¡el mundo! Y Otelo con Desdémona
será lo eterno. Esto es el hoy todavía, y es el mañana aún, pasar
de casa en casa del teatro de los siglos, a lo largo de la humanidad
toda. Pero tú enmedio, tú, mujer de hoy, negra o blanca,
americana (asiática, europea, africana, oceánica; demócrata,
republicana, comunista, socialista, monárquica; judía; rubia,
morena; inocente o sofística; buena o mala, perdida indiferente;
lenta o rápida; brutal o soñadora; civilizada, civilizada toda llena
de manos, caras, campos naturales, muestras de un natural único
y libre, unificador de aire, de agua, de árbol, y ofreciéndote al
mismo dios de sol y luna únicos; mujer, la nueva siempre para
el amor igual, la sola poesía). Todos hemos estado reunidos en

la casa agradable blanca y vieja; y ahora todos (y tú, mujer sola de todos) estamos separados. Nuestras casas saben bien lo que somos; nuestros cuerpos, ojos, manos, cinturas, cabezas en su sitio; nuestros trajes en su sitio, en un sitio que hemos arreglado de antemano para que nos espere siempre igual. La vida es este unirse y separarse, rápidos de ojos, manos, bocas, brazos, piernas, cada uno en la busca de aquello que lo atrae o lo repele. Si todos nos uniéramos en todo (y en color, tan lijera superficie) estos claros del campo nuestro, nuestro cuerpo, estas caras y estas manos, el mundo un día nos sería hermoso a todos, una gran palma sólo, una gran fuente sólo, todo unido y apretado en un abrazo como el tiempo y el espacio, un astro humano, el astro del abrazo por órbita de paz y de armonía . . . Bueno, sí, dice el otro, como si fuera a mí, al salir del museo después de haber tocado el segundo David de Miguel Ángel. Ya el otoño. ¡Saliendo! ¡Qué hermosura de realidad! ¡La vida, al salir de un museo! . . . No luce oro la hoja seca, canta oro, y canta rojo y cobre y amarillo; una cantada aguda y sorda, aguda con arrebato de mejor sensualidad. ¡Mujer de otoño; árbol, hombre! ¡cómo clamáis el gozo de vivir, al azul que se alza con el primer frío! Quieren alzarse más, hasta lo último de ese azul que es más limpio, de incomparable desnudez azul. Desnudez plena y honda del otoño, en la que el alma y carne se ve mejor que no son más que una. La primavera cubre el idear, el invierno deshace el poseer, el verano amontona el descansar; otoño, tú, el alerta, nos levantas descansado, rehecho, descubierto, al grito de tus cimas de invasora evasión. ¡Al sur, al sur! Todos deprisa. La mudanza, y después la vuelta; aquel huir, aquel llegar en los tres días que nunca olvidaré que no me olvidarán. ¡El sur, el sur, aquellas noches, aquellas nubes de aquellas noches de conjunción cercana de planetas; qué ir llegando tan hermoso a nuestra casa blanca de Alhambra Circle en Coral Gables, Miami, La Florida! Las garzas blancas habladoras en noches de escursiones altas. En noches de escursiones altas he oído por aquí hablar a las estrellas, en sus congregaciones palpitantes de las marismas de lo inmenso azul, como a las garzas blancas de Moguer, en sus congregaciones palpitantes por las marismas de lo verde inmenso. ¿No eran espejos que guardaban vivos, para mi paso por debajo de ellas, blancos espejos de alas blancas, los ecos de las garzas de Moguer? Hablaban, yo lo oí, como nosotros. Esto era en las marismas de La Florida llana, la tierra del espacio con la hora del tiempo. ¡Qué soledad, ahora, a este sol de mediodía! Un zorro muerto por un coche; una tortuga atravesando lenta el arenal; una serpiente resbalando undosa de marisma a marisma. Apenas gente; sólo aquellos indios en su cerca de broma, tan pintaditos para los turistas. ¡Y las calladas, las tapadas, las peinadas, las mujeres en aquellos corrales de las hondas marismas! Siento sueño; no, ¿no fue un sueño de los indios que huyeron de la caza cruel de los tramperos? Era demasiado para un sueño, y no quisiera yo soñarlo nunca . . . Plegadas alas en alerta unido de un ejército cárdeno y cascáreo, a un lado y otro del camino llano que daba sus pardores al fiel mar, los cánceres osaban craqueando erguidos (como en un agrio rezo de eslabones) al sol de la radiante soledad de un dios ausente. Llegando yo, las ruidosas alas se abrieron erijidas, mil seres ¿pequeños? ladeándose en sus ancas agudas. Y, silencio; un fin, silencio. Un fin, un dios que se acercaba. Un cáncer, ya un cangrejo y solo, quedó en el centro gris del arenal, más erguido que todos, más abierta la tenaza sérrea de la mayor boca de su armario; los ojos, periscopios tiesos, clavando su vibrante enemistad en mí. Bajé lento hasta él, y con el lápiz de mi poesía y de mi crítica, sacado del bolsillo, le incité a que luchara. No se iba el david, no se iba el david del literato filisteo. Abocó el lápiz amarillo con su tenaza, y yo lo levanté con él cojido y lo jiré a los horizontes con impulso mayor, mayor, mayor, una órbita mayor, y él aguantaba. Su fuerza era tan poca para mí más tan poco ¡pobre héroe! ¿Fui malo? Lo aplasté con el injusto pie calzado, sólo por ver qué era. Era cáscara vana, un nombre nada más, cangrejo; y ni un adarme, ni un adarme de entraña; un hueco igual que cualquier hueco, un hueco en otro hueco. Un hueco era el héroe sobre el suelo y bajo el cielo; un hueco, un hueco aplastado por mí, que el aire no llenaba, por mí, por mí; sólo un hueco, un vacío, un heroico secreto de un frío cáncer hueco, un cangrejo hueco, un pobre david hueco. Y un silencio mayor que aquel silencio llenó el mundo de pronto de veneno, un veneno de hueco; un principio, no un fin. Parecía que el hueco revelado por mí y puesto en evidencia para todos, se hubiera hecho silencio, o el silencio, hueco; que se hubiera poblado aquel silencio numerable de innúmero silencio hueco. Yo sufría que el cáncer era yo, y yo un jigante que no era sólo yo y que me había a mí pisado y aplastado. ¡Qué immensamente hueco me sentía, qué monstruoso de oquedad erguida, en aquel solear empederniente del mediodía de las playas desertadas! ¿Desertadas? Alguien mayor que yo y el nuevo yo venía, y yo llegaba al sol con mi oquedad inmensa, al mismo tiempo; y el sol me derretía lo hueco, y mi infinita sombra me entraba al mar y en él me naufragaba en una lucha inmensa, porque el mar tenía que llenar todo mi hueco. Revolución de un todo, un infinito, un caos instantáneo de carne y cáscara, de arena y ola y nube y frío y sol, todo hecho total y único, todo Abel y Caín, David y Goliat, cáncer y yo, todo cangrejo y yo. Y en el espacio de aquel hueco inmenso y mudo, Dios y yo éramos dos. Conciencia . . . Conciencia, yo, el tercero, el caído, te digo a ti (¿me oyes, conciencia?) Cuando tú quedes libre de este cuerpo, cuando te esparzas en lo otro (¿qué es lo otro?) ¿te acordarás de mí con amor hondo; ese amor hondo que yo creo que tú, mi tú y mi cuerpo se han tenido tan llenamente, con un convencimiento doble que nos hizo vivir un convivir tan fiel como el de un doble astro cuando nace en dos para ser uno? ¿y no podremos ser por siempre, lo que es un astro hecho de dos? No olvides que, por encima de lo otro y de los otros, hemos cumplido como buenos nuestro mutuo amor. Difícilmente un cuerpo habría amado así a su alma, como mi cuerpo a ti, conciencia de mi alma; porque tú fuiste para él suma ideal y él se hizo por ti, contigo lo que es. ¿Tendré que preguntarte lo que fue? Esto lo sé yo bien, que estaba en todo. Bueno, si tú te vas, dímelo antes claramente y no te evadas mientras mi cuerpo esté dormido; dormido suponiendo que estás con él. Él quisiera besarte con un beso que fuera todo él, quisiera deshacer su fuerza en este beso, para que el beso quedara para siempre como algo, como un abrazo, por ejemplo, de un cuerpo y su conciencia en el hondón más hondo de lo hondo eterno. Mi cuerpo no se encela de ti, conciencia; mas quisiera que al irte fueras todo él, y que dieras a él, al darte tú a quien sea, lo suyo todo, este amar que te ha dado tan único, tan solo, tan grande como lo único y lo solo. Dime tú todavía: ¿No te apena dejarme? ¿Y por qué te has de ir de mí, conciencia? ¿No te gustó mi vida? Yo te busqué tu esencia. ¿Qué sustancia le pueden dar los dioses a tu esencia, que no pudiera darte yo? Ya te lo dije al comenzar: "Los dioses no tuvieron más sustancia que la que tengo yo". ¿Y te has de ir de mí tú, tú a integrarte en un dios, en otro dios que este que somos mientras tú estás en mí, como de Dios?

APPENDIX
VARIATIONS OF SPACE
VARIANTES DE ESPACIO

Parts of *Space* were published in periodicals and with some variations. The First Fragment of *Space* appeared in *Cuadernos Americanos* Vol. XI, no. 5, September–October, 1943 (Mexico) in the form presented here.

One year later, in 1944, Vol. XVII, no. 5, September–October carried the Second Fragment as presented here.

A portion of the Third Fragment was published in the newspaper *La Nación* (Buenos Aires, Sunday, 11 January 1953). This portion deals with the experience of the crab, Cancer, the central image of *Space*. It appeared in the form presented here.

Fragmento Primero

Los dioses no tuvieron más sustancia
que la que tengo yo. Yo tengo, como ellos,
la sustancia de todo lo vivido
y de todo lo por vivir. No soy presente sólo,
5   sino fuga raudal de cabo a fin. Y lo que veo
a un lado y otro, en esta fuga,
rosas, restos de alas, sombra y luz,
es sólo mío,
recuerdo y ansia míos, presentimiento, olvido.
10   ¿Quién sabe más que yo, quién puede,
ha podido, podrá decirme a mi
qué es mi vida y mi muerte, qué no es?
Si hay quien lo sabe,
yo lo sé más que ése, y si lo ignora,
15   más que ése lo ignoro.
Lucha entre este saber y este ignorar
es mi vida, su vida, y es la vida. Pasan vientos
como pájaros, pájaros igual que flores,
flores soles y lunas, lunas soles
20   como yo, como almas, con cuerpos,
cuerpos como la muerte y la resurrección,
como dioses. Y soy un dios
sin espada, sin nada
de lo que hacen los hombres con su ciencia;
25   sólo con lo que es producto de lo vivo,
lo que se cambia todo; si, de fuego
o de luz, luz. ¿Por qué comemos y bebemos
otra cosa que luz o fuego? Como yo he nacido
en el sol y del sol he venido aqui a la sombra,

First Fragment

The gods have no other substance
than the one I have. I have, like them,
the substance of all that has been lived
and all that remains to be lived. I am not only present,
5   but a streaming flight from end to end. And what I see,
on one side and the other, in this flight,
roses, the remains of wings, shadow and light
belongs only to me,
my remembrance and my desire, my presentiment, my
10   forgetfulness.
Who knows more than I do, who,
what man or what god, has been able, will be able to
        tell me
of what my life is made and my death, and of what it is
15   not?
If there is one who knows,
I know more than he, and if there is one who ignores it,
even more than he I ignore it.
My life is a fight between this knowing and this
20   ignorance
and so is his life and so is life. Winds pass
like birds, birds equal to flowers,
flowers suns and moons, moon-suns
like me, like souls, with bodies,
25   bodies like death and resurrection;
like gods. I am a god
without a sword, carrying nothing
of what men produce through their science;
I carry only the product of what is alive,
30   that may be totally changed; yes, fire
and light, light. Why do we drink or eat
anything else but fire and light? Since I am born
in the sun and from the sun have descended here to the
        shade,

30 ¿soy del sol, como el sol alumbro? y mi nostaljia,
como la de la luna, es haber sido sol
y reflejarlo sólo ahora. Pasa el iris
cantando como yo. Adiós iris, iris,
volveremos a vernos, que el amor
35 es uno solo y vuelve cada día.
    ¿Qué cosa es este amor de todo, cómo se me ha hecho
en el sol, con el sol, en mi conmigo?
Estaba el mar tranquilo, en paz el cielo,
luz divina y terrena los fundía
40 en clara plata oro inmensidad,
en doble y sola realidad;
una isla flotaba entre los dos,
en los dos y en ninguno, y una gota
de alto iris perla gris temblaba en ella.
45 Allí estará esperándome el envío
de lo que no me llega nunca de otra parte.
A esa isla, ese iris, ese canto
yo iré, esperanza májica, esta noche.
Que quietud en las plantas al sol puro,
50 mientras, de vuelta a mí, sonrío
volviendo ya al jardín abandonado.
¿Esperan más que verdear, que florear y que frutar,
esperan, como un yo, lo que me espera,
más que ocupar el sitio que ahora ocupan
55 en la luz, más que vivir como vivimos, más
que quedarse sin luz, más que
dormirse y despertar? Enmedio hay,
tiene que haber un punto, una salida,
el sitio del seguir más verdadero,
60 con nombre no inventado, diferente
de eso que es diferente e inventado,
que llamamos, en nuestro desconsuelo,
Edén, Oasis, Paraíso, Cielo,
pero que no lo es, y que sabemos
65 que no lo es, como los niños
saben que es no lo que no es que anda con ellos.

35 am I made of sun, do I light up like the sun? And my
        nostalgia,
    like that of the moon, is to have been once sun of a sun
    and now only its reflection. The rainbow passes
    singing as I sing. Goodbye iris, iris,
40 we will see each other again, for love is
    only one, and returns every day.
    What is this love of everything, how has it become such
    for me in the sun, with the sun, in me within myself?
    The sea was tranquil, the sky at peace,
45 a divine and earthly light fused them
    in clear silver, golden immensity,
    in a double and unique reality;
    an island was floating between the two,
    on the two and on neither, and a drop
50 of high gray pearl iris was trembling upon it.
    There the message of what never reaches me
    from any other place was waiting for me.
    To that island, that iris, that song
    I will go, magical hope, tonight.
55 What restfulness in plants under the pure sun,
    while, returning to myself, I smile
    on my way back to the abandoned garden!
    Are they waiting for more than just greening, flowering,
        bearing
60 fruit; are they waiting, as I am, for what is waiting for me;
    more than just filling the space they for the moment fill
    under the light, more than just living as they now live,
        as we live;
    more than waiting for the light to fade, more
65 than going to sleep and waking up? There, right
    in the center, there must be a point, an exit;
    the place of the truest progress,
    with a name not yet invented which we call,
    in our grief, Eden, Oasis, Paradise, Heaven,
70 but which it is not, and we know
    it is not, as children know
    that it is not what it is not and it walks side by side
        with them.

Contar, cantar, llorar, vivir acaso,
"elojio de las lágrimas", que tienen (Schubert,
tenido entre criados por un dueño)
70 en su iris roto lo que no tenemos,
lo que tenemos roto desunido.
Las flores nos rodean
de voluptuosidad, olor, color, forma sensual;
nos rodeamos de ellas, que son sexos
75 de colores, de formas, de olores diferentes;
enviamos un sexo en una flor,
delicado presente de oro ideal,
a un amor virjen;
sexo rojo a un glorioso, sexos blancos
80 a una novicia, sexos violetas
a la yacente. Y el idioma,
qué confusión; qué cosas nos decimos
sin saber lo que nos decimos.
Amor, amor, amor (lo dijo Yeats)
85 "amor en el lugar del escremento".
¿Asco de nuestro ser, nuestro principio
y nuestro fin; asco de aquello
que más nos vive y más nos muere?
¿Qué es, entonces, la suma que no resta;
90 dónde está, matemático celeste,
la suma que es el todo y que no acaba?
Hermoso no tener lo que se tiene,
nada de lo que es fin para nosotros,
es fin, pues que se vuelve
95 contra nosotros, y el fin nunca se nos vuelve.
Aquel chopo de luz me lo decía,
en Madrid, contra el aire turquesa del otoño:
"Terminate en ti mismo como yo".
Todo lo que volaba alrededor,
100 qué raudo, y él qué insigne
con lo suyo, en lo suyo, verde y oro,
sin mejor en lo verde que en el oro.

To count, to sing, to cry, perhaps to live;
75 (could Schubert have been lost among the servants
and have forgotten to write his music?) "the praise of
tears,"
for they have in their broken iris what we do not have,
what we have broken, divided.
80 Flowers surround us
with voluptuousness, scent, color and sensual shape;
we surround ourselves with them, for they are sex
with colors, shapes, different scents;
we send sex with a flower,
85 delicate present of ideal gold,
to a virgin love;
red sex to a famous person; white sex
to a novice nun, violet sex
to the dying. And language,
90 what a confusion! The things we tell one another
not knowing what we are saying!
Love, love, love (Yeats set it to music it),
"love [has pitched his mansion] in the place of
excrement."
95 Disgust at our being, at our own beginning
and our end; disgust
at what most lives in us and most dies in us?
What then is the sum without subtraction;
where is, heavenly mathematician,
100 the sum that is the whole and has no end?
It is beautiful not to have what we have,
what is an end for us,
an end that turns against us, while
the true end never returns.
105 A poplar dressed in light used to tell me,
in Madrid, against the turquois air of autumn:
"Be an end in yourself, like me."
Everything that flies around,
how fast it goes! But how noble
110 the tree by itself, green and gold,
not better in the gold than the green.

Alas, cantos, luz, palmas, olas, frutas
me rodean, me envuelven en su ritmo,
105 en su gracia, en su fuerza delicada, y yo me olvido
de mí entre ello, y bailo y canto,
y río y lloro por los otros embriagado.
¿Esto es vivir? ¿Hay otra cosa
más que este vivir de cambio y gloria?
110 Yo oigo siempre esa música que suena
en el fondo de todo, más allá;
ella es la que me llama desde el mar;
por la calle, en el sueño.
A su aguda y serena desnudez,
115 siempre estraña y sencilla,
el ruiseñor es un calumniado prólogo.
¡Qué letra,
luego, la suya!
El músico mayor tan sólo la ahuyenta.
120 Pobre del hombre
si la mujer oliera, supiera siempre a rosa.
Qué dulce la mujer normal, qué tierna,
qué suave (Villon), qué forma de las formas,
qué esencia, qué sustancia
125 de las sustancias, las esencias, qué lumbre de las
          lumbres;
la mujer, madre, hermana, amante.
Luego, de pronto, esta dureza
de ir más allá de la mujer,
130 de la mujer que es nuestro todo, en donde
debiera terminar nuestro horizonte.
Las copas de veneno,
qué tentadoras son, y son de flores, yerbas y hojas.
Estamos rodeados de veneno
135 que nos arrulla como el viento,
arpas de luna y sol en ramas tiernas,
colgaduras ondeantes venenosas
y pájaros en ellas, como estrellas de cuchillo;
veneno todo, y el veneno

Wings, songs, light, palms, waves, fruits
surround me, gather me in their own rhythm,
their own grace, their delicate strength; and I forget
115   myself
in it all, and I dance and sing,
laugh and cry for others, inebriated.
Is this life? Is there anything else
besides this living in change and glory?
120 I am capable of listening to the music that sounds
in the depths of everything and even farther;
this is the music calling to me from the sea,
in the streets, in dreams.
Against its sharp and calm nakedness,
125 always strange and simple,
the nightingale is no more than a slandering prologue.
How lyric
its later
song!
130 But the greatest musician makes me forget.
Poor man if his woman smelled like, always tasted like a
        rose!
How sweet the normal woman, how tender;
how soft (Villon), a shape of shapes,
135 an essence, a substance
of substances, essences; a flame of flames:
woman, mother, sister, lover!
Then suddenly, the stubborn wish
to go beyond woman,
140 beyond the woman that is our all,
where our horizon should come to an end.
Poison goblets,
how they tempt us! and they are full of flowers, grass
        and leaves.
145 We are surrounded by poison
cradling us like the wind, harps of the moon and sun
        upon tender branches
waving vines, poisonous,
with birds on them, like stars on knives;
150 all is poison and it is poison

140 nos deja a veces no matar.
     Eso es dulzura, dejación
     de un mandato, y eso es pausa y escape.
     Entramos por los robles melenudos;
     rumoreaban su vejez cascada,
145 oscuros, rotos, huecos, monstruosos,
     con colgados de telarañas fúnebres;
     el viento les mecía las melenas,
     en medrosos, estraños ondeajes,
     y entre ellos, por la sombra baja honda,
150 venía el rico olor del azahar,
     de las tierras naranjas, grito
     ardiente con gritillos blancos
     de muchachas y niños.
     Un árbol paternal, de vez en cuando,
155 junto a una casa, sola en un desierto
     (seco y lleno de cuervos; aquel tronco
     huero; gris, lacio, a la salida del verdor profuso,
     con aquel cuervo muerto, suspendido
     por una pluma de una astilla,
160 y los cuervos aún vivos posados ante él
     sin atreverse a picotarlo, serios).
     Y un árbol sobre un río. Qué honda vida
     la de estos árboles, qué personalidad,
     qué inmanencia, qué calma, qué llenura
165 de corazón total queriendo darse;
     (aquel camino que partía
     en dos aquel pinar que se anhelaba);
     y por la noche, qué rumor
     de primavera interna en sueño negro.
170 Qué amigo un árbol, aquel pino, verde, grande,
     pino redondo, verde,
     junto a la casa de mi Fuentepiña;
     pino de la Corona, ¿dónde estás?,
     ¿estás más lejos que si yo estuviera lejos?
175 Y qué canto me arrulla tu copa milenaria
     que cobijaba pueblos y alumbraba de su forma
     rotunda y vijilante al marinero.

that at times allows us not to kill.
This is sweetness, to forget
a command, it is also a pause and an escape.
We enter through the long-haired oaks;
155 they are mumbling their cracked old age,
dark, broken, hollow, monstrous
with their hangings of funereal cobwebs;
the wind is rocking their mane
in shy, strange waves,
160 and from among them under the low shade,
one can inhale the rich scent
of the citrus blossoms from orange orchards, a burning
cry
with little white cries
165 from young girls and boys.
A paternal tree appears from time to time
next to a house, alone in the desert
(dry and full of crows; the hollow trunk,
gray, limp, on the outskirts of the abundant green
170 a dead crow hanging
by a feather from a splinter,
and live crows alighting in front,
not daring to peck at it, very serious.)
And a tree over a river. How deep the life
175 of these trees; what personalities,
what immanence, what calm, what total plenitude
of the heart desiring to give itself
(the road breaking
in two the pine forest one longed for!)
180 And at night, the murmuring
of an inner spring with black sleep!
What a friend a tree is, the green, large,
round pine tree,
next to the house of my Fuentepiña!
185 Pine tree of La Corona, where are you?
are you farther than if I had forgotten you?
And what song can whisper to me your milennial top
that sheltered villages and signaled with
its round and vigilant shape to the sailor.

La música mejor
es la que suena y calla, que aparece
180 y desaparece,
la que concuerda, en un de pronto,
con nuestro oír más distraído.
Lo que fue esta mañana ya no es,
ni ha sido más que en mí, gloria suprema,
185 escena fiel, que yo, que la creaba,
creía de otros más que de mí mismo.
Los otros no lo vieron; mi nostaljia,
que era de estar con ellos,
era de estar conmigo, en quien estaba.
190 La gloria es como es, nadie la mueva,
no hay nada que quitar ni que poner,
y el dios actual está muy lejos, distraído
también con tanta menudencia grande que le piden.
Si acaso, en sus momentos
195 de jardin, cuando acoje al niño libre,
lo único grande que ha creado,
se encuentra pleno en un sí pleno.
Qué bellas estas flores secas
sobre la yerba fría del jardin que ahora
200 es nuestro. ¿Un libro, libro?
Bueno es dejar un libro
grande a medio leer sobre algún banco,
lo grande que termina; y hay que darle
una lección al que lo quiere terminar,
205 al que pretende que lo terminemos.
Grande es lo breve
y si queremos ser y parecer más grandes,
unamos con amor. El mar no es
más que gotas unidas, ni el saber
210 que palabras unidas, ni el amor
que murmullos unidos, ni tú, cosmos,
que cosmillos unidos. Lo más bello

190 The best music
is that which sounds and then grows silent, that appears
and disappears,
that which suddenly agrees
with our most distracted listening.
195 What this morning was, it is no longer,
and has only been in me, a supreme glory,
a faithful scene, and I, its creator,
place more faith in others than myself.
The others did not see that my nostalgia,
200 that I thought was for being with them,
really was for being with myself, where my nostalgia
really is.
Glory is as it is, let no one touch it,
there is nothing to add or remove,
205 and the present God is very far away, distracted
too, with so many large trivialities people ask of Him.
Perhaps, during his moments
in the garden, when He welcomes the free child,
the only great thing He has created,
210 He finds his full affirmation.
How beautiful these dry flowers
on the cold grass in the garden that now
is ours! A book, book?
It is good to abandon a large book
215 half read on some bench
it is the end of the large; and one must teach a lesson
to anyone who wants to finish it,
to anyone who thinks we should finish it.
Great is the short,
220 and if we want to be or seem greater
we should be joined in love.
The sea is no more
than drops together, and knowledge
no more than words together,
225 and love
no more than whispers together; and you,
cosmos, no more than little cosmos together. The most
beautiful

es el átomo último,
el solo indivisible
215 y que por serlo no es, ya más, pequeño.
Unidad de unidades es lo uno;
y qué viento más plácido levanta
esas nubes menudas al cenit,
qué dulce luz en esta suma roja única.
220 Suma es la vida suma, y dulce.
Dulce como esta luz era el amor,
qué plácido este amor también. Sueño, ¿he dormido?
Hora celeste y verde toda y solos,
hora en que las paredes y las puertas
225 se desvanecen como agua, aire,
y el alma sale y entra en todo, de y por todo,
con una comunicación de luz y sombra.
Todo ve con la luz de dentro, todo es dentro,
y las estrellas no son más que chispas
230 de nosotros que nos amamos,
perlas bellas
de nuestro roce fácil y tranquilo.
Qué luz tan buena para nuestra vida
y nuestra eternidad. El riachuelo iba
235 hablando bajo por aquel barranco,
entre las tumbas casas de las laderas verdes;
valle dormido, valle adormilado.
Todo estaba en su verde, en su flor; los mismos muertos
en verde y flor de muerte;
240 la piedra misma estaba en verde y flor de piedra.
Allí se entraba y se salía
como en el lento anochecer, del lento amanecer.
Todo lo rodeaba piedra, cielo, río;
y cerca el mar, más muerte que la tierra,
245 el mar lleno de muertos de la tierra,
sin casa, separados, engullidos
por una variada dispersión.

is the last atom,
230   the indivisible one,
and because it is so, it is no longer the smallest.
The unity of unities is the one;
and what a pleasant wind
those tiny clouds raise at the zenith;
235   what a beautiful light that red, unique whole!
And so is the supreme life, and sweet.
Sweet as this light is love;
how peaceful this love too! Sleep, have I been asleep?
Celestial hour all green; and alone,
240   an hour when the doors and the walls
disappear as water, wind,
and the soul passes into everything and through
      everything,
in a communion of light and shadow.
245   All is visible through the interior light, all becomes an
      interior,
and the stars are no more than sparks
from ourselves in love,
beautiful pearls
250   from our easy and tranquil touch.
How good this light is to our life
and our eternity. The tiny stream is talking
in a low voice by the ravine
among the tombs, houses on the green hillside;
255   sleepy valley, drowsy valley.
All is perfect green, in flower; even the dead
are dressed in green and flowers of death;
the stones themselves are dressed in green and in
      flowers of stone.
260   There one can enter and exit
as the long day enters the prolonged sunset.
Stones surround everything and sky and river;
and the sea that is near, with even more dead than the
      earth,
265   the sea full of the dead of the earth,
without a home, is separated, devoured
by a varied dispersion.

Para acordarme de porqué he nacido,
vuelvo a ti, mar. "El mar que fue mi cuna,
250 mi gloria y mi sustento,
el mar eterno y solo
que me llevó al amor"; y del amor
es este mar que ahora
viene a mis manos, ya más duras,
255 como un cordero blanco
a beber la dulzura del amor.
Amor el de Eloísa; qué ternura,
qué sencillez, qué realidad perfecta.
Todo claro y nombrado con su nombre
260 en llena castidad. Y ella, enmedio de todo,
intacta de lo bajo entre lo pleno,
Si tu mujer, Pedro Abelardo, pudo ser así,
el ideal existe, no hay que falsearlo.
Tu ideal existió, ¿porque lo falseaste,
265 necio Pedro Abelardo?
Hombres, mujeres, hombres,
hay que encontrar el ideal, que existe.
Eloísa, Eloísa, ¿en qué termina,
di, el ideal; qué eres ahora
270 y dónde estás? ¿Porqué, Pedro Abelardo vano,
la mandaste al convento y tú te fuiste
con los monjes plebeyos, si ella era,
el centro de tu vida, su vida, de la vida,
y hubiera sido igual contigo ya capado,
275 que antes, si era el ideal? No lo supiste
y yo soy quien lo sé, desobediencia
de la dulce obediente, plena gracia.
Amante, madre, hermana, niña tú, Eloísa,
qué bien te conocías y te hablabas,
280 qué tiernamente te nombrabas a él,
y qué azucena verdadera fuiste.
Otro hubiera podido oler la flor
de la verdad fatal que dio tu tierra.
No estaba seco el árbol del invierno,

To remember why I was born,
I return to you, sea. The sea that was my cradle,
270 my glory and substance;
the eternal and lonely sea
that carried me over to love; and from love
is this sea that now moves
towards my hands, now harder,
275 like a white sheep
to drink the sweetness of love.
That love of Eloise; what tenderness,
what simplicity, what perfect reality!
All was clear and named by its name,
280 in full chastity. While she remained in the midst of
     everything,
not touched by what is low within the fullness.
If your woman, Peter Abelard, could be like that, then
the ideal lives, we must not deny it.
285 Your ideal lived; why did you deny it,
stupid Peter Abelard?
Men, women, men,
we must find the ideal, for it exists.
Eloise, Eloise, in what does the ideal
290 end? And tell us, what are you now,
and where are you? Why did you, vain Peter Abelard,
send her to a convent, while you went away
with the plebeian monks, if she were
the center of your life, of her life, of life,
295 and wouldn't it have been the same with you when you
     were castrated
as before, if she were the ideal? You did not know,
I am the one who knows it, disobedience
from the sweetly obedient, full grace.
300 Lover, mother, sister, child, you Eloise;
how well you knew yourself and talked to yourself,
how tenderly you named him to yourself;
what a true lily you were!
Someone else could have smelled the flower
305 of the fatal truth that your earth gave.
The tree of winter was not dry,

285 como se dice, y yo creí en mi juventud;
como yo, tiene el verde, el oro, el grana
en la raíz y dentro, muy adentro, tanto
que llena de color doble infinito.
Tronco de invierno soy, que en la muerte
290 va a dar de sí la copa doble llena
que ven sólo como es los deseados.
Vi un tocón, a la orilla del mar neutro;
arrancado del suelo, era
como un muerto animal; la muerte daba
295 a su quietud seguridad de haber estado vivo;
sus arterias cortadas con el hacha,
echaban sangre todavía. Una miseria,
un rencor de haber sido así arrancado
de la tierra, salía de su entraña endurecida
300 y se espandía con el agua y por la arena,
hasta el cielo infinito, azul.
La muerte, y sobre todo, el crimen,
da igualdad a lo vivo, lo más y menos vivo,
y lo menos parece siempre con la muerte más.
305 No, no era todo menos, como dije un día, "todo es
menos",
todo era más, y por haberlo sido,
es más morir para ser más, del todo más.
¿Qué ley de vida juzga con su farsa
310 a la muerte sin ley y la aprisiona
en la impotencia? Sí, todo, todo ha sido más
y todo será más. No es el presente
sino un punto de apoyo o de comparación,
más breve cada vez; y lo que deja
315 y lo que coje, más, más grande.
No, ese perro que ladra al sol caído,
no ladra en el Monturrio de Moguer,
ni cerca de Carmona de Sevilla,
ni en la calle Torrijos de Madrid;

as people say and I believed in my youth;
like me, it has green, gold, scarlet
in its root and interior, deep inside,
310 so much so that it fills a double infinity with color.
I am the trunk of winter that in death
will surrender the full tree top
that can only be seen by those who are truly desired.
I saw a tree stump by the shore of the neutral sea;
315 uprooted from the soil, it looked
like a dead animal; death gave
its stillness the certainty of having been alive;
its arteries, felled by the ax,
were still bleeding. A misery,
320 a rancor for having been uprooted
from the earth was still coming out from its hardened
    womb
and spreading through the water and the sand
all the way to the infinite, blue sky.
325 Death, and above all, crime
makes the living equal, what is more alive and what is
    less,
and the less, always appears with death to be more.
No, all was not less, though I once said "everything is
330   less"
everything was more and, having been more, it dies
    even more
to be more, more of everything.
What law of life judges with its farce
335 a death that had no law and tries to imprison it
in impotence? Yes, everything, everything has been
    more
and everything will be more!
The present is only
340 a prop or a comparison,
every time smaller; and what it picks up
and what it leaves, is more and more and greater.
No, this dog barking at the fallen sun
does not bark in the Monturrio of Moguer,
345 nor near Carmona of Seville, nor in Torrijos Street in
    Madrid;

320   ladra en Miami, Coral Gables, La Florida,
     y yo lo estoy oyendo allí,
     allí, no aquí, no aquí, allí, allí.
     Qué vivo ladra siempre el perro al sol que huye;
     y la sombra que viene llena el punto
325   redondo que ahora pone el sol sobre la tierra,
     como un agua su fuente,
     el contorno en penumbra alrededor;
     y alrededor, después, todos los círculos
     que llegan hasta el límite redondo
330   de la esfera del mundo, y siguen, siguen.
     Yo te oí, perro, siempre,
     desde mi infancia, igual que ahora; tú no cambias
     en ningún sitio, eres igual
     a ti mismo, como yo. Noche igual,
335   todo sería igual si lo quisiéramos,
     si dejáramos serlo. Y si dormimos,
     qué abandonada queda la otra realidad.
     Nosotros les comunicamos a las cosas
     nuestra inquietud de día, de noche nuestra paz.
340   ¿Cuándo, cómo duermen los árboles?
     "Cuando los deja el viento dormir?", dijo la brisa.
     Y cómo nos precede, brisa quieta y gris, el perro fiel
     cuando vamos a ir de madrugada
     adonde sea, alegres o pesados;
345   él lo hace todo, triste o contento, antes que nosotros.
     Yo puedo acariciar como yo quiera
     a un perro, un animal cualquiera, y nadie dice nada;
     pero a mis semejantes no, no está bien visto
     hacer lo que se quiera con ellos, si lo quieren
350   como un perro.
     Vida animal, ¿hermosa vida? ¡Las marismas
     llenas de bellos seres libres, que me esperan
     en un árbol, un agua o una nube,
     con su color, su forma, su canción, su jesto,

it barks in Miami, Coral Gables, Florida
and I am listening to it there,
there, not here, not here, there, there.
350 How energetically the dog always barks at the fleeing
        sun!
And the coming shadow fills the round point
that now the sun sets on the earth,
as a downpour covers the fountains,
355 with twilight drawing a light around it;
and then, all the circles
that reach the round limit of the globe
of the world and go on and on.
I always listened to you, dog,
360 in my infancy the same as now;
you do not change
from place to place, you are always
yourself, like me. Equal night,
everything would be equal if we wished it,
365 if we let it be. And, if we fall asleep,
how abandoned the other reality remains.
We communicate to things
the restlessness of our day, at night, our peace.
When, how do trees sleep?
370 "When the wind lets them sleep," said the breeze.
And see how the faithful dog, the gray and quiet breeze,
        walks ahead of us
when we set out in the morning
to wherever it may be, happy or heavy;
375 he does everything, sad or happy, ahead of us.
I may caress a dog any way I wish,
any animal, and nobody protests;
but not those creatures made in my image;
it does not look well to do as one wishes with them,
380 even if they wish it like a dog.
Animal life, beautiful life. The marshes are
full of beautiful, free creatures, waiting for me
on a tree, a pool or a cloud,
with their own smell, form, song, gesture,

355 su ojo,
su comprensión hermosa,
dispuestos para mí que los entiendo!
El niño todavía me comprende,
la mujer me quisiera comprender,
360 el hombre . . . no, no quiero nada con el hombre,
es estúpido, infiel, desconfiado
y cuando más adulador, científico.
Cómo se burla la naturaleza
del hombre, de quien no la comprende como es.
365 Y todo debe ser o es alzarse a dios
y olvidarse de todo lo creado
por dios, por sí, por lo que sea.
"Lo que sea", es decir, la verdad única,
yo te miro como me miro a mí
370 y me acostumbro a toda tu verdad como a la mía.
Contigo, "lo que sea", soy yo mismo,
y tú, tú mismo, misma, "lo que seas".
¿El canto?
¡El canto, el pájaro otra vez!
375 ¡Ya estás aquí, ya has vuelto, hermosa, hermoso,
con otro nombre,
con tu pecho azul gris cargado de diamante.
¿De dónde llegas tú,
tú en esta tarde gris con brisa cálida?,
380 ¿qué dirección de luz y amor
sigues entre las nubes de oro cárdeno?
Ya has vuelto a tu rincón verde sombrío.
¿Cómo tú, tan pequeño, tú lo llenas todo
y sales por el más?
385 Sí, sí, una nota de una caña,
de un pájaro, de un niño, de un poeta,
lo llena todo y más que el trueno.
El estrépito encoje, el canto agranda.
Tú y yo, pájaro, somos uno;
390 cántame, canta tú, que yo te oigo,
que mi oído es tan justo por tu canto;
ajústame tu canto más a este oído mío
que espera que lo llenes de armonía.

385 eye,
    beautiful understanding,
    disposed towards me who understands them!
    The child is still capable of understanding me,
    woman would like to understand me,
390 man . . . no, I want nothing of men,
    man is stupid, unfaithful, not to be trusted;
    and the more he is a flatterer, the more scientific.
    How nature makes fun of man,
    for he does not understand her as she is.
395 And so he demands to get rid of God,
    while forgetting all that god has created,
    by Himself, for no reason.
    "For no reason," this is the unique truth,
    I look at you the way I look at myself
400 and I get accustomed to the whole of your truth the
            way I am to mine.
    With you "for no reason" is myself,
    and you, yourself, who you are.
    Song?
405 Song, the bird again! You have come back,
    beautiful he/she, with another name,
    your blue-gray chest heavy with diamonds!
    Where did you come from,
    this gray evening with a warm breeze?
410 What direction of light and love
    do you follow among the clouds of violet gold?
    You have again returned to your green, shady corner.
    How can you, so tiny, please tell me, fill everything
    and come out so large?
415 Yes, yes, the note of a reed, a bird, a child, a poet
    fills everything even more than thunder.
    The loud noise makes one shrink, song makes one
            larger.
    You and I, bird, are one;
420 sing to me, sing, for I hear you,
    my ear is fully tuned because of your song.
    Tune your song more precisely to this ear of mine
    waiting to be filled with your harmony.

Vas a cantar, toda otra primavera,
395　vas a cantar.
¡Otra vez tú, otra vez la primavera,
la primavera enmedio de la primavera!
Si supieras lo que eres para mí.
¿Cómo podría yo decirte lo que eres,
400　lo que eres tú, lo que soy yo, lo que eres para mí?
¡Cómo te llamo, cómo te escucho, cómo te adoro,
　　　hermano eterno,
pájaro de la gracia y de la gloria,
humilde, delicado, ajeno,
405　ánjel del aire nuestro,
derramador de música completa!
Pájaro, yo te amo, como a la mujer,
a la mujer, tu hermana más que yo.
Sí, bebe ahora el agua de mi fuente,
410　pica la rama, salta lo verde, entra, sal,
rejistra toda su mansión de ayer,
mírame bien a mí, pájaro mio,
consuelo universal de hombre y mujer.
Vendrá la noche inmensa, abierta toda,
415　en que me cantarás del paraíso,
en que me harás el paraíso, aquí, yo, tú,
aquí, ante el echado insomnio de mi ser.
Pájaro, amor, luz, esperanza,
nunca te he comprendido como ahora,
420　nunca he visto tu dios como hoy lo veo,
el dios que acaso fuiste tú y que me comprende.
Los dioses no tuvieron más sustancia
que la que tienes tú.
¡Qué hermosa primavera nos aguarda
425　en el amor, fuera del odio!
¡Ya soy feliz! ¡El canto, tú y tu canto!
El canto . . .
Yo vi jugando al pájaro y la ardilla,
al gato y la gallina, al elefante
430　y al oso, al hombre con el hombre.
Yo vi jugando al hombre con el hombre,
cuando el hombre cantaba. No, este perro no levanta
los pájaros, los mira, los comprende,
los oye, se echa al suelo, y calla y sueña.

You are going to sing! You again,
425 spring again!
If you only knew what you mean to me!
How can I tell you what you mean to me, what you are,
what I am, what you are for me?
How do I call you, how do I listen to you,
430 how do I adore you; eternal brother,
bird of grace and glory, humble, delicate, alien;
angel of our air,
prodigal of complete music!
Bird, I love you as a woman,
435 a woman, more your sister than I am.
Yes, now drink the water from my fountain,
peck the branch, jump over the greenery, enter, come
out,
cover the whole mansion that was yours yesterday;
440 look at me well, my bird,
universal consolation of man and woman!
Immense wide night will come
when you sing of Paradise to me,
making Paradise for me, here, I, you,
445 here on the sleepless bed of my being.
Bird, love, light, hope;
I never understood you before as I do now;
I never saw your God before as I see Him now,
the god who perhaps was you and who understands me.
450 the gods had no more substance
than the one you have.
What a beautiful spring awaits us
in love, outside of hate!
Now I am happy! Song, you and your song!
455 The song . . . I was the bird and squirrel at play
and the cat and hen, the elephant
and the bear, man with man.
I saw man playing with man,
when man was singing. No, this dog does not frighten
460 the birds, he looks at them, he understands
and listens to them, he lies on the ground
and is quiet and dreams in front of them.

435 ¡Qué grande el mundo en paz, qué azul tan bueno
para el que puede no gritar, puede cantar,
cantar y comprender y amar!
Inmensidad, en ti ahora vivo;
ni montañas, ni casi piedra, ni agua,
440 ni cielo casi, inmensidad
y todo y sólo inmensidad;
esto que abre y separa
el mar del cielo, el cielo de la tierra,
y, abriéndolos y separándolos,
445 los deja más unidos y cercanos,
llenando cón lo lleno lejano la totalidad.
Espacio y tiempo y luz en todo y yo,
en todos y yo y todos.
Yo con la inmensidad. Esto es distinto,
450 nunca lo sospeché y ahora lo tengo.
Los caminos son sólo entradas o salidas
de luz, de sombra, sombra y luz, y todo vive en ellos
para que sea más inmenso yo,
tú.
455 Qué regalo de mundo, qué universo májico,
y todo para todos, para mí. Yo, universo inmenso,
dentro, fuera de ti, segura inmensidad.
Imágenes de amor en la presencia
concreta; suma gracia y gloria de la imajen,
460 ¿vamos a hacer eternidad, vamos a hacer la eternidad,
vamos a ser la eternidad?
Vosotras, yo podemos
crear la eternidad una y mil veces,
cuando queramos. Todo es nuestro
465 y no se nos acaba nunca. ¡Amor,
contigo y con la luz todo se hace,
y lo que hace el amor no acaba nunca!

(*Por La Florida, 1941–42.*)

How large is the world at peace, what a beautiful blue
for him who can stop shouting, who can sing;
465 to sing, to understand, to love!
Immensity is alive in you now;
neither mountains, nor almost stone, nor water,
nor sky; immensity
all and only immensity; this is
470 what separates and frees
sky from sea, sky from earth,
opening and separating,
and bringing them closer and more united,
filling the totality with the distant plenitude!
475 Space and time and light in all of me,
in everyone, and I and all!
I with immensity! This is different;
I never suspected it and now I have it.
Paths are only the ins and outs
480 of light, of shadows, light and shadow; and everything
lives in them
so that I become more immense,
and you too.
What a gift of a world, what a magical universe,
485 all for everyone, you for me! I, inside an immense
universe,
outside of you, who are safe immensity!
Images of love in the concrete
presence; highest grace and glory of the image,
490 are we going to make eternity, become eternal,
become eternity, become the eternal?
You, women, I, are capable
of creating eternity one and a thousand times,
wherever we want to! Everything is ours
495 and has no end! Love,
with you and with the light all can be made,
and what you make, love, never ends!

(Around Florida, 1941–1942)

Fragmento Segundo
(Cantada)

Para acordarme de porqué he vivido,
vengo a ti, río Hudson de mi mar.
Dulce como esta luz era el amor . . .
Y por debajo de Washington Bridge
5   (el puente más con más de esta New York)
pasa el campo amarillo de mi infancia.
Infancia, niño vuelvo a ser y soy,
perdido, tan mayor, en lo más grande.
Leyenda inesperada:
10 dulce como la luz es el amor,
y esta New York es igual que Moguer,
es igual que Sevilla y que Madrid.
Puede el viento, en la esquina de Broadway,
como en la esquina de las Pulmonías
15 de mi calle Rascón, conmigo, y tengo
la puerta donde vivo, con sol dentro.
Dulce como este sol era el amor.
Me encontré al instalado, le reí,
y me subí al rincón provisional,
20 otra vez, de mi soledad y mi silencio,
tan igual en mi piso 9 y sol,
al cuarto bajo de mi calle y cielo.
Dulce como este sol es el amor.
Me miraron ventanas conocidas
25 con cuadros de Murillo. En el alambre
de lo azul, el gorrión universal cantaba,
el gorrión y yo cantábamos, hablábamos,
y lo oía la voz de la mujer
en el viento del mundo. ¡Qué rincón
30 ya para suceder mi fantasía!
El sol quemaba el sur del rincón mío,
y en el lunar menguante de la estera,
crecía dulcemente mi ilusión,

Second Fragment
(Cantata)

To remember why I have lived,
I come to you, Hudson River of my sea.
As sweet as this light was my love. . .
And under the [George] Washington Bridge
5   (the greatest bridge of this New York)
the green field of my childhood flows.
Childhood, I become a child again, and am,
lost, now so grown up, in the largest.
Unexpected legend:
10   as sweet as this light is my love,
and now New York is the same as Moguer,
the same as Seville and Madrid.
In a corner of Broadway
as in a corner of Pneumonia
15   on my own Rascón Street, the wind pushes me around
          and I have
a place where I live with the sun inside.
As sweet as this sun was my love.
I met the one inside, I laughed
20   and climbed again to the provisional corner
of my solitude and silence,
so similar to my apartment #9 with its sun,
the ground-floor apartment of my street and sky.
As sweet as this sun is my love.
25   Familiar windows
with Murillo paintings look at me. On the high wire
of the blue sky the universal sparrow sings,
the sparrow and I sing, talk,
and the voice of a woman
30   hears us in the wind of the world. What a corner
now to feed my fantasy:
The sun is burning the south side of my corner,
and on the waning moon
on the mat my dream sweetly grows

queriendo huir de la dorada mengua.
35 Y por debajo de Washington Bridge,
    el puente más amigo de New York
    corre el campo dorado de mi infancia . . .
    Bajé lleno a la calle, me abrió el viento
    la ropa, el corazón, vi caras buenas.
40 En el jardín de St. John the Divine,
    los chopos verdes eran de Madrid, hablé
    con un perro y un gato en español,
    y los niños del coro, lengua eterna,
    igual del paraíso y de la luna,
45 cantaban, con campanas de San Juan,
    en el rayo de sol derecho, vivo,
    donde el cielo flotaba hecho armonía
    violeta y oro, iris ideal
    que bajaba y subía, que bajaba. . .
50 Dulce como este sol era el amor.
    Salí por Amsterdam, estaba allí la luna
    (por Morningside) el aire ¡era tan puro!
    frío no, fresco, fresco; en él venía
    vida de primavera nocturna, y el sol, dentro
55 de la luna y mi cuerpo, el sol presente,
    el sol que nunca más me dejaría
    los huesos solos, sol en sangre y él.
    Y entré, cantando ausente, en la arboleda
    de la noche y el río que se iba
60 bajo Washington Bridge con sol aún,
    hacia mi España por mi Oriente,
    a mi Oriente de mayo de Madrid;
    un sol ya muerto, pero vivo,
    un sol presente, pero ausente,
65 un sol rescoldo de vital carmín,
    un sol carmín vital en el verdor,
    un sol vital en el verdor ya negro,
    un sol en el negror ya luna,
    un sol en la gran luna de carmín,
70 un sol de gloria nueva, nueva en otro Este,
    un sol de amor y de trabajo hermoso,
    un sol como el amor . . .
    Dulce como este sol era el amor.

35   trying to escape the golden wand.
And under the [George] Washington Bridge,
the friendliest bridge in New York
the golden field of my childhood flows. . .
I come right out into the street, the wind tears open
40   my clothes, my heart, I see the faces of good people.
In the garden of St. John the Divine
the green poplars are from Madrid;
I speak to a dog and a cat in Spanish.
The choir boys' song, an eternal language
45   the same in paradise and on the moon,
sings with the bells of St. John
following the straight and living ray of sunlight
to where the sky floats turning violet and gold
to harmony, an ideal rainbow
50   descending, climbing, descending. . .
As sweet as this sun was my love.
I followed Amsterdam Avenue, where the moon is,
(via Morningside) and the air is so pure!
not cold, but alive, alive; within it
55   I could feel the life of nocturnal spring
with the sun above, the sun that would never abandon
my bones, the sun in my blood and body.
And I return, absentmindedly singing with the forest
of the night to see the river going under
60   the [George] Washington Bridge still with
the sun towards my Spain from this East,
towards my East in May in Madrid;
a sun already dead but alive,
a sun that is present yet absent,
65   a sun in embers of vital reds,
a red sun vital in the green,
a vital sun in the already black green,
a sun in the blackness the moon is now,
a sun in the large red moon,
70   a sun of new glory, newly risen in another East,
a sun of beautiful love and work,
a sun like a love. . .
As sweet as this sun was my love.

(1941)

Fragmento Tercero

PLEGADAS alas en alerta unido de un ejército cárdeno y cascáreo, a un lado y otro del camino llano que daba sus pardores al fiel mar, los cánceres osaban craqueando erguidos (como en un agrio rezo de eslabones) al sol de la radiante soledad de un dios ausente.

Llegando yo, las ruidosas alas se abrieron erijidas; mil seres ladeándose en sus ancas agudas. Y, silencio, un fin. Silencio. Un fin, un dios que se acercaba.

Un cáncer solo quedó en el centro gris del arenal, más erguido que todos, más abierta la sérrea tenaza de la mayor boca de su armario; los ojos, periscopios tiesos, elevando su vibrante enemistad en mí.

Bajé lento hasta él y con el lápiz de mi poesía y de mi crítica le incité a que luchara.

No se iba el david, no se iba el david, del literato filisteo. Abocó el lápiz amarillo, y yo lo levanté con él, cojido, y lo jiré a los horizontes con impulso mayor; mayor, y él aguantaba. Su fuerza era tan poco para mí tan poco, ¡pobre héroe!

¿Fui malo? Lo aplasté con el calzado pie, por ver qué era. Y era cáscara vana, un nombre nada más, cangrejo, y ni un adarme, ni un adarme de entrañas; un hueco igual que cualquier hueco. Un hueco era el héroe sobre el suelo y bajo el cielo, un hueco, un hueco de aplastado por mí, por mí, por mí; sólo un hueco, un vacío, un heróico secreto de un frío cáncer hueco, de un pobre david hueco.

Y un silencio mayor que aquel silencio llenó el mundo de pronto de un veneno, un veneno de hueco; un principio, no un fin. Parecía que el hueco revelado por mí se hubiera hecho silencio, o el silencio, hueco, que se hubiera poblado aquel silencio numerable de innúmero silencio hueco.

Yo sufría que el cáncer era yo, y yo un jigante que no era sólo yo y que me había a mí pisado. ¡Qué inmensamente hueco me sentía, qué monstruoso de oquedad erguida en aquel solear empedernido del mediodía de las playas desertadas! ¿Desertadas? Alguien mayor que yo venía. Llegaba al sol con mi oquedad

Third Fragment

With folded claws as on a joint alert, a mauve and husky army [of crabs] gathered on both sides of the flat road that reflected its gray colors on the faithful sea. The Cancers were daring, croaking erect (as in a sour rosary of links) at the sun of the radiant solitude of an absent god.

As I arrived, the noisy claws opened up straight: there were a thousand beings bending sideways on their sharp legs. And silence, an end. Silence, an end, a god coming closer. Only one Cancer now remained alone in the gray center of the dune, more erect than the others, the sawing claws of the widest mouth of his armor spread wider than those of the others; his eyes, stiff periscopes, nailed me with their enmity.

I lowered myself slowly to him and with the pencil with which I write poetry and criticism I enticed him to fight.

David would not leave, this David to the literary philistine would not leave. He seized the yellow pencil with his mouth, and I lifted him with it, caught on it, and whirled him around the horizon faster and faster; and he held on.

His strength seemed so small to me, so much smaller, poor hero!

Was I evil? I smashed him with my shoe to find out what he was. And he was a vain shell, only a name, crab, not a speck, not even a speck of gut; a hole, the same as any other hole. The hero on the ground and under the sky was a hole, a hole, a hole smashed by me, by me, by me; a hole only, an emptiness, a heroic secret of a cold, empty Cancer, a hollow crab, a poor empty David.

And a silence even greater than that silence sunddenly filled the world with poison, the poison of emptiness; a beginning, not an end. It seemed as if the hole I had revealed had become silent, silence, emptiness, as if the quantity of that silence had been filled with the quality of an empty silence.

I suffered thinking the Cancer was I, and that I was a giant who was not an I alone, and I had stepped on myself. How immensely empty I felt, what a monster of erect emptiness I was

inmensa y el sol me derretía lo hueco, y mi infinita sombra me entraba al mar y en él me naufragaba. Revolución de un todo, un infinito, un caos de carne, y cáscara, de arena y ola y nube y frío y sol, todo hecho total y único, todo Abel y Caín, David y Goliat, cáncer y yo; todo cáncer y yo.

Y en el espacio de aquel hueco immenso y mudo, Dios y yo éramos dos.

under that hardhearted midday sun on the deserted beach! Deserted? Someone greater than I was arriving. I was arriving at the sun with my immense emptiness and the sun melted away that emptiness, and my infinite shadow entered the sea and there I drowned. It was the revolution of the whole, infinite, a chaos of flesh and shell, sand, wave and cloud and cold and sun, all made total and unique, all Cain and Abel, David and Goliath, Cancer and I.

And in the space of that immense and silent hole, God and I became two.